ISRAEL BELO DE AZEVEDO

ATITUDES
QUE TRANSFORMAM
NOSSAS VIDAS

# os dez mandamentos

*nos dias de hoje*

© 2016 por Israel Belo Azevedo

Revisão
*Josemar de Souza Pinto*
*Sonia Lula Almeida*

Capa
*Maquinaria Studio*

Diagramação
*Sonia Peticov*

Editor
*Juan Carlos Martinez*

Coordenador de produção
*Mauro W. Terrengui*

1ª edição — setembro de 2016

Impressão e acabamento
*Imprensa da Fé*

Todos os direitos desta edição reservados à
EDITORA HAGNOS
Av. Jacinto Júlio, 27
São Paulo - SP - 04815-160 Tel/Fax: (11) 5668-5668
hagnos@hagnos.com.br - www.hagnos.com.br

---

**Dados Internacionais de Catalogação na Publicação (CIP)
(Câmara Brasileira do Livro, SP, Brasil)**

Azevedo, Israel Belo de.

Os dez mandamentos: atitudes que transformam nossas vidas / Israel Belo de Azevedo. — São Paulo: Hagnos, 2016.

ISBN 978-85-243-0519-1

1. Dez mandamentos 2. Deus 3. Vida cristã 5. Amor I. Título.

---

16-0268                                                                                           CDD–222.16

*Índice para catálogo sistemático:*
1. Dez mandamentos

# Prefácio

É com grande alegria que recomendo a presente obra, e direi as razões.

O tema "os dez mandamentos" é um dos mais espetaculares da Bíblia, um dos mais profundos e também um dos que trazem mais lições práticas de felicidade, sucesso, realização pessoal e crescimento. E, apesar disso, tem tido menos atenção do que merece, sendo relegado e pouco citado, o que resulta em perda, por parte do povo de Deus e da sociedade, de todos os benefícios ali escondidos.

Uma das razões para essa pouca atenção aos Dez Mandamentos é a sua interpretação como apenas uma lista de proibições, ou talvez por serem um tanto antipáticos e contrários a um mundo como o nosso, em que a expressão "é proibido proibir" está cada vez mais em voga. Ledo engano: o texto é poderoso, libertador e extraordinário. E, por essa razão, vem em ótima hora o novo livro do pastor e filósofo Israel Belo de Azevedo.

O objetivo do livro é tirar lições para a vida, inclusive a profissional, a partir dos Dez Mandamentos. A obra fala de uma espiritualidade que vai além da religião, e alcança as casas, clubes, empresas, enfim, qualquer lugar onde alguém praticar as lições contidas no Decálogo. Sua pesquisa inclui autores judeus, cristãos, e também os que escreveram para profissionais, trazendo, portanto, um material útil, abrangente e sem dúvida abençoador.

Sempre cito que quem entender e praticar os Dez Mandamentos será "uma das pessoas mais legais do mundo", alguém de confiança, e ao lado de quem todos gostarão de estar. Seja por isso, seja por alguém querer cumprir as ordenanças do Pai, ou atender ao que Jesus explicou melhor no Sermão do Monte, recomenda-se a todos, cristãos ou não, conhecer melhor os Dez Mandamentos.

Uma das lições mais preciosas é compreender os Dez Mandamentos também como desafios. E nesse ponto, de cada "NÃO" dos Dez Mandamentos, Israel Belo de Azevedo tira um "SIM".

Quem não ler, entender e praticar os conceitos e valores contidos nos Dez Mandamentos perderá uma fonte rica para a sua própria vida. Eles não se tornaram obsoletos, continuam atuais e, afirmo isso como alguém que lida com as leis, eles são preciosos e modernos. Sim, são extremamente sofisticados do ponto de vista do estudo da lei.

A própria Bíblia diz que "a lei é boa, se alguém dela usa legitimamente" (1 Timóteo 1:8), e este livro que você tem em mãos irá ajudá-lo a compreender a lei e a usá-la de forma adequada, enriquecedora e empoderadora.

Faço questão de citar um dos diversos momentos especiais do livro, quando no capítulo sobre o Mandamento *não matarás*, o autor demonstra que a corrupção, endêmica no Brasil, é uma forma de matar. Para o autor, se o coração dos indivíduos não for reformado, a sociedade não será justa, e isto tem dimensões pessoais, familiares, profissionais e sociais que a grandeza dos Dez Mandamentos alcança e ensina.

Fiquei feliz em ver que Israel concorda com um dos pensamentos que desenvolvo no meu O PODER DOS DEZ

PREFÁCIO 5

MANDAMENTOS, quando digo que as leis de Deus funcionam, mesmo que não creiamos nele ou não concordemos com elas. Ao contrário das leis humanas, das quais às vezes as pessoas conseguem escapar, ninguém escapa das leis da natureza e das leis metafísicas. O melhor exemplo é a lei da gravidade: você pode desconhecê-la ou discordar dela, mas se pular de um prédio vai se machucar ao chegar ao solo.

Termino, então, com três elogios.

Elogio a Editora Hagnos por colocar nas mãos do público um livro dessa temática e importância.

Elogio o autor e pensador, graduado em Comunicação (UFRJ) e História (UFF), Mestre e Doutor em Teologia (STBSB e UGF, respectivamente), por sua contribuição profícua para a literatura pátria e que agora soma mais um excelente livro à gama de belíssimas obras já publicadas.

Elogio você, leitor, por estar com esta obra, prestes a crescer e aprender mais. Sim, pois se deseja conhecer as leis que regem o mundo, o sucesso e a felicidade, se deseja ter uma noção mais profunda do sentido da vida e daquilo que a Bíblia ensina para o homem encontrar seu melhor caminho, parabenizo-o desde já pela leitura deste livro. E porque o recomendo, e você já o tem em mãos, deixo minhas congratulações e os votos de que aproveite bem o conteúdo.

WILLIAM DOUGLAS
Juiz federal/RJ, professor e escritor

# Convite

"Estamos sem tempo para refletir.
Sem essa pausa, não conseguimos digerir
o que está acontecendo ao redor.
Os circuitos cerebrais usados pela concentração
são os mesmos que geram a ansiedade.
Quando aumenta o fluxo de distrações, a ansiedade
tende a aumentar na mesma proporção.
Precisamos ter um momento, no trabalho
e na vida, para parar e pensar.
Sem concentração, perdemos o controle
de nossos pensamentos."

DANIEL GOLEMAN

Uma menina de 12 anos me mandou uma mensagem (por *WhatsApp*) enquanto lia a Bíblia no seu telefone: "Quais as dicas que você me dá para poder seguir os Dez Mandamentos? Me ajude com isso".

Espero que a menina leia este livro, já que ela não acha que os Dez Mandamentos são páginas do passado, que não se aplicam à nossa vida corrida.

Espero também que o leiam os profissionais que lutam todos os dias para serem fiéis (em todos os sentidos da palavra). Tenho conversado com alguns deles. Os padrões que são obrigados a engolir lhes causam vômito.

Os Dez Mandamentos não são para pessoas religiosas, que todos os dias leem a Bíblia. Na verdade, são até para quem não crê no Deus que o livro apresenta.

Na verdade, são ideais de Deus para nós. Não são ideais pesados, mas são absolutos e podem ser alcançados. São uma espécie de roteiro para uma vida boa, tanto para o indivíduo quanto para a sociedade.

Deus se mostra em um lugar e em um tempo, mas o que ele diz alcança o nosso lugar e o nosso tempo.

O que ele diz funciona. Como escreveu belamente o juiz brasileiro William Douglas, as leis de Deus funcionam mesmo que não creiamos nelas. Não precisamos saber quem foi Isaac Newton para saber que dois corpos não ocupam o mesmo lugar no espaço, a menos que queiramos nos machucar.

Os chamados Dez Mandamentos, memorizados por muitas pessoas, celebrizados em filmes e novelas, são instruções legadas por Deus e estão registrados na Bíblia Sagrada, sobretudo em dois livros: Êxodo (o segundo na ordem em que aparece, logo depois de Gênesis) e Deuteronômio (o quinto livro, nessa mesma sequência).

Foram apresentados como ideais de vida mais de três milênios, mas são atemporais e não espaciais, valem para todo os tempos e lugares. Visam o nosso bem.

Por isso, nos livros da nossa vida, devemos transcrever os Dez Mandamentos no capítulo do prazer, não do dever.

Parecem pesados, mas não são.

Nossa dificuldade em segui-los vêm da nossa natureza e cultura. Nesse sentido, são CONTRA nós. Por isso, começam com NÃO.

Nossa natureza rejeita a primazia do nós. COBIÇAMOS: é nossa natureza.

Nossa educação nos impulsiona para outra direção. MENTIMOS: aprendemos em casa.

Nossa cultura nos faz pensar que os instintos devem ser seguidos. FURTAMOS: todo mundo furta.

Nossa ideologia nos leva a concluir que sabemos o que é melhor para nós. NÃO DESCANSAMOS, porque nos achamos fortes.

Nosso medo impede que façamos escolhas livres, colocando as primeiras coisas como primeiras. ADORAMOS AS COISAS, o que é contra Deus.

*Vivemos muito bem se* compreendemos cada um dos Dez Mandamentos, em sua dimensão espiritual e existencial.

Consideremos, agora, o resumo que faço deles, derivando de cada qual um princípio capaz de transformar nossas atitudes em hábitos capazes que podem tornar a nossa vida, e a vida dos outros, melhor.

**1.** *Não terás outros deuses diante de mim.*

## TENHA FOCO NA VIDA

Não são os melhores que vencem; são os que se concentram. Na verdade, os melhores são os que têm foco.

**2.** *Não farás para ti imagem de escultura [...]. Não as adorarás, nem lhes darás culto.*

## RELACIONE-SE COM INTEGRIDADE

Nossa maior decepção é quando descobrimos que uma pessoa não é aquela que parece ser. A hipocrisia, no entanto, é a regra que predomina na obtenção dos interesses. Há outro jeito de nos relacionarmos.

**3.** *Não tomarás o nome do Senhor, teu Deus, em vão, porque o Senhor não terá por inocente o que tomar o seu nome em vão.*

## SEJA CORAJOSO

O medo e a coragem são linhas que dividem os campos do fracasso e do sucesso. Sabemos que precisamos ousar, mas como, se sempre ouvimos que fracassaríamos?

**4.** *Lembra-te do dia de sábado, para o santificar. Seis dias trabalharás e farás toda a tua obra. Mas o sétimo dia é o sábado do Senhor, teu Deus.*

## CELEBRE

Todos sabemos o que faz o excesso de trabalho, mas a empresa pede e exige e nossos compromissos não nos deixam escolhas. Será preciso que o desemprego ou a doença nos pare?

Podemos viver em outro ritmo.

**5.** *Honra teu pai e tua mãe, para que se prolonguem os teus dias na terra que o Senhor, teu Deus, te dá.*

## OUÇA OS MAIS VELHOS

Todos os chefes têm a mesma queixa dos mais jovens: eles já chegam na empresa achando que sabem tudo, querendo ser chefes. Na imaginação popular, são os que sobem por último ao ônibus e querem sentar na janela.

CONVITE 11

## 6. *Não matarás.*

### AME A VIDA

Ser agressivo é exigência do mercado, embora nenhum de nós pegue numa arma para eliminar um adversário.

Em lugar de amar a morte, precisamos amar a vida. Quem corrompe ou se beneficia da corrupção cultua sua vida matando inocentes.

## 7. *Não adulterarás.*

### CUIDE DOS SEUS DESEJOS

Somos os nossos desejos, mas não apenas nossos desejos. Somos também razão, e ela precisa desempenhar seu papel.

A questão é como cuidaremos dos nossos desejos diante da cultura da traição em que vivemos, sendo tantos os negócios da sedução. Como ter saúde moral em meio a tanta enfermidade?

## 8. *Não furtarás.*

### VIGIE O SEU CARÁTER

Ninguém precisa ter o que o outro tem.

O desejo de ter pode corromper o caráter.

Precisamos vigiar o nosso caráter
para não furtarmos.

Devemos ser radicais.

Devemos ser radicalmente íntegros.

OS DEZ MANDAMENTOS

**9.** *Não dirás falso testemunho contra o teu próximo.*

## VALORIZE AS PESSOAS

Da próxima vez que você receber uma mensagem que comece assim: "Não sei se é verdade, mas compartilho o que acabei de receber", apague.

**10.** *Não cobiçarás.*

## SEJA SIMPLES

A maioria das pessoas vive como se ter fosse a essência da vida. "Se alguém nada tem, não é", escreveu Erich Fromm, no livro que fez muito sucesso no Brasil. Hoje não faz mais, o que é um retrato da nossa época. Será que é uma virtude se algum de nós falar da simplicidade, inclusive no plano do consumo?

Recebamos os Dez Mandamentos como sabedoria, sabedoria de Deus para nós.

Decidamos levá-los a sério.

Este é o convite deste livro.

# Sumário

**1.** Tenha foco na vida    15

**2.** Relacione-se com integridade    31

**3.** Seja corajoso    47

**4.** Celebre    70

**5.** Ouça os mais velhos    92

**6.** Ame a vida    111

**7.** Cuide dos seus desejos    144

**8.** Vigie o seu caráter    167

**9.** Valorize as pessoas    185

**10.** Seja simples    215

*Epílogo*    247
*Referências bibliográficas*    249
*Notas das epígrafes*    253

# 1

# Tenha foco na vida

*Não terás outros deuses diante de mim.*
ÊXODO 20.3

"Nenhum cavalo vai a algum lugar enquanto não for domado. Nenhuma energia alimenta uma máquina enquanto não é confinada. Nenhuma catarata se transforma em luz enquanto não é canalizada. Nenhuma vida se torna grande enquanto não tiver foco, dedicação e disciplina."

HARRY EMERSON FOSDICK

Se fizermos uma lista de pessoas promissoras ao nosso redor, ao longo da nossa vida, veremos que algumas delas não se tornaram realizadoras. Quantos colegas brilhantes que tivemos na escola não se tornaram brilhantes profissionais! Quantas pessoas, conhecidas nossas, começaram cursos que não terminaram e negócios que não continuaram! Quantas ideias nunca saíram do papel! Quantas vidas ficaram no capítulo da promessa.

Tive um amigo muito próximo que era brilhante. Estudava economia. Trocou, no meio do caminho, para administração. Depois pulou para ciência política. Não concluiu

## 16 OS DEZ MANDAMENTOS

nenhum desses cursos e acabou numa profissão que exigia pouco dele e não lhe dava nenhuma satisfação. Talvez não os conheçamos para saber as razões do fracasso dos nossos colegas. Possivelmente, alguns deles fracassaram por motivos que ignoramos, mas, provavelmente, alguns não passaram da promessa à realização porque lhes faltou foco na vida.

Ter foco é ser capaz de desenvolver atividades que contribuam para o objetivo que se quer alcançar. Ter foco é manter a atenção concentrada no que importa para a realização do projeto.

A arte da fotografia nos ajuda: quando batemos uma foto sem foco, temos dificuldade para olhar a imagem resultante, porque não conseguimos distinguir as pessoas no quadro. Quando batemos uma foto com foco e luz, podemos ver até detalhes que os próprios olhos normalmente não perceberiam. Por causa do foco, uma fotografia é, muitas vezes, mais reveladora do que um filme em movimento.

### Ter foco é começar uma atividade e terminar

O primeiro mandamento do Decálogo do Sinai é também sobre foco, foco na vida pessoal, foco na vida profissional, foco nas organizações e empresas: *Não terás outros deuses diante de mim* (Êx 20.3).

O primeiro mandamento foi apresentado num momento em que o povo de Israel se dirigia para a terra que seria sua pátria. Como hoje, o mundo daquela época era povoado por deuses que requeriam atenção, mas não exclusividade. As nações vizinhas (chamadas na Bíblia de amorreus, cananeus, ferezeus, girgaseus, heteus, heveus e jebuseus; cf. Deuteronômio 7.1) tinham vários deuses em seus panteões. Nenhum deles sobreviveu. Os hebreus (israelitas ou judeus) existem até hoje. O mandamento da adoração exclusiva, com foco num único Deus, tornou-se o segredo da manutenção de sua identidade e da preservação de seus valores.

Apesar da infidelidade dos descendentes de Abraão, o ideal de uma adoração concentrada manteve-se entre seus descendentes e é parte da explicação de sua longevidade. Uma vida concentrada é parte fundamental no sucesso de cada pessoa. O primeiro mandamento nada tem a ver com "a imagem equivocada de um Pai celestial ciumento e possessivo, que deseja de forma egoísta adoração apenas para ele. Na verdade, temos um Deus que ensina a dar o valor exato às coisas e não pôr sobre nada nem ninguém a dificílima tarefa de ser divino. Ele é Deus único e insubstituível".[1] Essa percepção nos ajuda a compreender que, se queremos realizar, precisamos ter foco. Se queremos começar, precisamos ter foco. Se queremos continuar, precisamos ter foco. Se queremos terminar, precisamos ter foco.

## Obstáculos a superar

Para ter foco, enfrentamos muitos obstáculos.

No caso do antigo Israel, a tentação vinha da profusão de deuses, cada um com promessas fantásticas para quem lhe prestasse algum tipo de atenção.

No nosso caso, a tentação vem da profusão de possibilidades de coisas a realizar. Podemos trabalhar, mas

---

[1] DOUGLAS, William. *O poder dos 10 Mandamentos: o roteiro bíblico para uma vida melhor*. São Paulo: Mundo Cristão, 2013, edição eletrônica, posição 1128.

## OS DEZ MANDAMENTOS

podemos descansar, viajar, ver televisão, conferir mensagens eletrônicas, conversar pessoalmente... E todas as possibilidades são ótimas, mas nos tiram do foco; logo são péssimas, se temos um objetivo em mente.

### Reconhecendo os obstáculos

Entre os obstáculos à nossa concentração, pode haver alguns de natureza neurológica (como um déficit de atenção) ou psiquiátrica (como a depressão). Na maioria dos casos, contudo, virá de outra fonte.

A vida é mesmo diversa, feita de vários caminhos. Vejamos os casos dos cursos superiores. Até bem pouco tempo, o elenco das engenharias podia ser contado com o uso dos dedos de uma das mãos: atualmente o Guia do Estudante arrola 34 cursos de engenharia oferecidos no Brasil, entre os quais Engenharia de Petróleo e Gás, Engenharia Mecatrônica, Engenharia Sanitária, Engenharia em Tecnologia Têxtil e da Indumentária, Engenharia de Pesca e Engenharia Física. Qual delas seguir?

Lidamos ainda com o excesso de informações, muitas oferecidas ao mesmo tempo em que os fatos se dão. Verificar as mensagens no celular é apenas uma das inúmeras possibilidades de perda de foco. Estar conectado é uma forma de foco múltiplo que nos desvia do foco único. (Aliás, foco múltiplo não é foco.) A informação por si só, além de inútil, contribui para gerar fadiga e até transtorno de ansiedade, se não ocorrer dentro de um foco claro. Em algumas situações, estar informado passa pela desconexão.

O nosso caráter pessoal é outra fonte de obstáculo. A presunção de que somos capazes de fazer tudo o que nos vem às mãos, além de ser uma absoluta impossibilidade, resultará em uma divisão de esforços que nos deixará exauridos e fará que não completemos o que começamos. Os mais capazes são os mais vulneráveis à tentação. Nossos obstáculos podem ter começado há muito tempo. Pode ser que nos falte aquilo que vulgarmente chamamos de "força de vontade", por causa de uma autoimagem fraca. Se ouvimos, muitas vezes sob enérgicos gritos, que nunca daríamos certo na vida, como iremos focar uma atividade que, temos certeza, não terminaremos? A insegurança, nesse caso, nos acompanha e nos inviabiliza como pessoa. A certeza do fracasso, mesmo que falsa, redunda em fracasso certo. O medo não nos faz avançar, só recuar. "O maior desafio até mesmo para os mais focados, no entanto, vem do tumulto emocional da nossa vida, como o recente fim de um relacionamento, que não para de interferir em seus pensamentos."[2]

Há ainda um obstáculo que tem a ver com estratégia: é a falta de disciplina. Nas Forças Armadas, o atraso, o desalinho da roupa ou do quarto e a falta são punidos. Não importam as circunstâncias, a ordem que vem de cima (do general, do estrategista) precisa ser cumprida, e cada um tem que saber seu papel na hierarquia.

### Superando os obstáculos

Para cada um desses obstáculos, precisamos equilibrar nossa vida.

Sobre a diversidade de oportunidades, com múltiplos caminhos, só chegaremos se tomarmos um caminho de

---

[2] GOLEMAN, Daniel. *Foco*. Trad. Cassa Zanon. Rio de Janeiro: Objetiva, 2013, edição eletrônica, posição 278.

cada vez. Pensando racionalmente e pedindo a Deus que nos oriente, precisamos decidir. Uma vez tomada a decisão, não devemos olhar para os lados ou para trás. *O caminho que não foi seguido não existe.* Existe o que tomamos, e ele se abrirá em outras oportunidades, num processo constante de decisão.

Um jovem prestou vestibular para universidades públicas e privadas. Passou nas privadas, mas podia esperar mais um ano e tentar de novo as públicas. A universidade o chamara para a matrícula. Aceitava, ou aguardava o vestibular do ano seguinte? Que garantia teria de que passaria em uma universidade pública no final do ano? Ele tomou uma decisão: iria esperar um pouco mais. E prometeu que não ficaria lamentando não ter se matriculado na instituição privada. Diante de tantas oportunidades, escolheu uma.

Diante da atração que exercem os ícones da informação, que nos chegam como indispensáveis para a felicidade, temos de avaliar o que realmente precisamos, tanto da informação quanto dos aparelhos envolvidos, com as correspondentes despesas. Devemos estar conectados, mas sem estar viciados. Devemos estar informados, desde que essa informação contribua realmente para que os nossos projetos se tornem realidade. Temos de avaliar com honestidade se a exposição à informação não tira o foco da nossa vida. Se a informação nos faz abandonar o foco, devemos abandonar a exposição a ela, mantendo-a sob controle.

Ao contemplarmos tantas possibilidades, devemos ser humildes, não presunçosos. Podemos fazer uma coisa bem, no máximo duas, não tantas ao mesmo tempo. Precisamos aprender a dizer "não" aos nossos desejos e a expectativas dos outros para nós, mesmo que isso os aborreça. Steve Jobs nos adverte: "Focalizar é uma coisa muito difícil. Talvez você pense que focalizar é dizer 'sim'. Não. Focalizar é dizer 'não'. Quando diz 'não', você chateia as pessoas".

Se os nossos obstáculos vêm de alguma limitação do campo emocional, devemos ter a coragem de buscar ajuda, ajuda que nos auxilie a confiar em nós mesmos para celebrar as mudanças internas de que precisamos. "Uma mente atribulada pela dúvida não focaliza o caminho da vitória" (Arthur Golden). Se nos disseram que não iríamos vencer NUNCA e que SEMPRE fizemos as coisas erradas, coloquemos a etiqueta certa nestas palavras: MENTIRAS, mentiras nas quais não devemos acreditar. Se temos medo, devemos saber que é irracional. Se temos medo, é porque o aprendemos, e podemos desaprendê-lo.

A falta de disciplina é um inimigo a ser nocauteado, e não o conseguimos no primeiro *round* da luta. A falta de disciplina, que inclui a inexistência de hábitos saudáveis quanto aos horários e a incompetência para traçar objetivos claros e estratégias bem definidas, é defeito difícil de deletar. A indisciplina atende a uma demanda da natureza e corresponde ao que aprendemos ao longo de nossa vida. Triste daquele que nasceu numa casa em que não há horários definidos para as refeições, tempo definido para o lazer (jogos e brincadeiras), tarefas para cada dia da semana, compromissos a serem compartilhados em família. Quem vive assim não desenvolveu a disciplina, que é a mãe do sucesso. Quem não teve boa formação não precisa ser escravo da deformação quanto a falta de horários e rotinas e, com muita dor, pode se libertar e organizar a própria vida para ser vencedor.

OS DEZ MANDAMENTOS

Só por acaso e por genialidade alguém sem disciplina vence, mas o acaso não vem para todos; nem todos são gênios, mesmo que achem.

## A construção do foco

Na construção do seu foco, você precisa tomar alguns cuidados.

**1. Avalie quão concentrado ou desatento você é.**
Não adianta dizer que tem foco se não o tem. Então, avalie se tem foco. A melhor maneira de fazer essa avaliação é responder à seguinte pergunta: "Qual é o meu foco?"

Se for "escrever livros", você não tem foco. Se for "escrever um livro sobre os Dez Mandamentos numa perspectiva existencial", então tem foco.

Se for "ser professor", você não tem foco. Se for "ser professor da instituição X até o ano Y", você tem foco.

Se for "casar", você não tem foco. Se for "casar com fulana", você tem foco.

Se for "crescer na empresa", você não tem foco. Se for "chegar à direção da empresa", você tem foco.

Se for "ser funcionário público", você não tem foco. Se for "ser funcionário em nível técnico do Tribunal de Justiça", você tem foco.

Pense também nas seguintes perguntas, sem ficar dando desculpas ou culpando os outros: "Você já começou alguma tarefa e parou no meio?"; "Você estuda o tempo que sabe ser necessário para ser aprovado num concurso ou estuda menos?"; "Você diz 'não' a um convite para uma festa quando está estudando?"

Então, você realmente tem foco?

## 2. Deseje ter um foco.

Não siga muitos deuses. Adore apenas o verdadeiro Deus. Deseje ter um foco, apenas um foco, um foco de cada vez. Assuma que ter um foco é a melhor decisão que você pode tomar. Não queira matar todos os leões da floresta, mas apenas um, depois outro.

Eleja seu foco e que seja seu, não dos seus pais, não dos seus amigos. É a sua expectativa que interessa, não a dos outros. Respeite o que eles pensam, considerando-os na sua decisão, mas a decisão é sua.

Olhe para os focos que já teve ao longo da vida e o que realizou com eles, se foram suficientemente claros e firmes.

## 3. Eduque os olhos.

"Quando o olhar está focado, a imaginação descobre sua matéria-prima. O foco certo será conseguido por meio de um alto preço e da disciplina. Eduque seu olhar para ver o que é bom, e a imaginação seguirá o exemplo." (Ravi Zacharias [3])

Um olhar atento lhe permitirá fazer conexões, levando a associar o que você observa (lendo, ouvindo ou vendo) com o que está fazendo.

Imaginemos um estudante que sabe que, ao término do curso, terá de elaborar um trabalho final (monografia, dissertação ou tese). Se a cada disciplina que cursar, escrever algumas páginas (quem sabe, idealmente, o rascunho de um futuro capítulo), terá poucas dificuldades para cumprir o prazo e entregar um texto digno.

[3] Citação colhida em < http://www.lifeinspirationalmessages.com/Ravi-Zacharias-Quotes.html>

OS DEZ MANDAMENTOS

Para tanto, ele precisa saber o que pretende, precisa ter foco, desde o momento em que iniciar a graduação ou pós-graduação. É forte a vida com você. Como escreveu Rick Warren, "sem um propósito definido, você continuará a alterar seus rumos, empregos, relacionamentos, igreja e outras circunstâncias externas — na esperança de que cada mudança solucione a confusão ou preencha o vazio em seu coração. Você pensa: 'Talvez seja diferente desta vez', mas isso não resolve o verdadeiro problema — uma falta de foco e de propósito".[4]

**4. Alinhe seu foco com o seu projeto de vida.**

Jesus tinha um desejo: amar e amar até o fim, até as últimas consequências. Mais que um desejo, Jesus tinha um foco, estranho para nós: entregar (literalmente) sua vida em lugar da nossa.

Enquanto convivia com seus discípulos, anunciou-lhes claramente esse foco, mostrando-lhes "que lhe era necessário seguir para Jerusalém e sofrer muitas coisas [...], ser morto e ressuscitado no terceiro dia". Um desses seguidores (Pedro) o repreendeu: *Isso de modo algum te acontecerá*.

A resposta foi de alguém com foco: *Arreda, Satanás! Tu és para mim pedra de tropeço, porque não cogitas das coisas de Deus e sim das dos homens* (Mt 16.21-23).

Jerusalém fazia parte do projeto de vida de Jesus. Seu foco estava firme.

Seu projeto incluía um preço, e Jesus estava disposto a pagar por ele. *Todo foco tem um preço, que pode ser mais alto que a falta dele, mas a recompensa é magnífica.*

---

[4] WARREN, Rick. *Uma vida com propósitos*. São Paulo: Vida, 2003, p. 24. (Há várias edições deste livro.)

TENHA FOCO NA VIDA 25

Alinhe o que você faz com o que você gosta. Pessoas bem-sucedidas conseguiram combinar trabalho com prazer, sucesso com significado. Seu foco é a sua vida, e isso inclui o seu trabalho. É com uma vida assim com que se deve sonhar.

## 5. Separe os sonhos em etapas.

Se você tem vários projetos para desenvolver, desenvolva um de cada vez. Faça um curso de cada vez. Escreva um livro de cada vez. Ponha o pé apenas num barco.

Se for possível, faça um plano. Geralmente, nossa vida, do ponto de vista profissional, tem três etapas: estudo, trabalho e aposentadoria. Se puder só estudar, estude, estude como se nunca mais fosse poder estudar e tivesse de acumular tudo, como um camelo, para depois gastar o que foi guardado; enquanto estuda, planeje seu trabalho. No trabalho, tenha metas claras, disciplinas firmes, práticas pessoais sadias; no trabalho, planeje sua aposentadoria. Na aposentadoria, diminua o ritmo, mas continue em atividade, preferencialmente fazendo só o que você gosta e apenas aquilo no qual se sentir mais relevante.

## 6. Persista na rota traçada.

A menos que a realidade ao seu redor mude, persista na rota traçada para alcançar seu objetivo.

Nem sempre as adversidades estão clamando para que você pare, como se estivesse com o foco errado. Muitas vezes as adversidades são estímulos para que você persista, precisamente porque está com vontade de desanimar. Não pense que o fácil é o melhor; muitas vezes é o pior.

Não se distraia. Não perca o foco.

Olhe para o que já alcançou. Olhe para o que os seus ancestrais vivenciaram.

Um jovem tinha um problema com pornografia. Muitas vezes tentou abandonar a prática e muitas vezes fracassou. Ele começou a olhar para sua família, em busca de algum exemplo positivo. Lembrou-se de que um dos tios, durante muito tempo, tentara parar de fumar, sem êxito. Um dia, numa resolução de ano-novo, disse para si mesmo: "A partir de amanhã, não vou fumar mais".

Chegando em casa, jogou fora os pacotes de cigarros e nunca mais pôs um só deles na boca. Aos poucos, nem sequer vontade de fumar tinha.

O jovem pensou naquele exemplo como uma memória de esperança: "Se o meu tio conseguiu, eu posso conseguir".

Em seguida, pôs-se vitoriosamente a trafegar pela rota traçada, fiel ao foco.

## 7. Conheça os seus limites.

O limite do outro é o do outro. O seu é seu, por causa da sua história, do seu corpo e da sua mente, que são únicos.

Se você quer expandir seus limites, precisa primeiramente reconhecê-los. Então, você poderá ampliá-los.

Por se conhecer, você faz aquilo que pode fazer, não menos. Talvez faça mais no futuro, desde que faça o que pode fazer agora.

Se a sua velocidade está perto da máxima aconselhável, você vai bem. "Não corra, não mate, não morra", como diz uma placa nas estradas.

Faça primeiro os movimentos que seu corpo suporta, para não arrebentar. Depois, melhore os movimentos. Em seguida, aumente o número de movimentos. Conheça seus limites para ir além deles, sempre mantendo o foco.

## 8. Vigie para não perder o foco.

O sucesso momentâneo pode fazer que relaxemos ou mesmo que nos desviemos do foco. O verdadeiro sucesso será medido no final.

Se você fez bem uma curva, ótimo, mas você fez apenas uma curva; há outras à frente.

Se precisa perder vinte quilos e perdeu dois, bata palmas para você mesmo, mas, se emagrecer apenas dois, você fracassou. O sucesso, nesse caso, tem um nome: vinte quilos a menos. Use a alegria da conquista temporária como um incentivo, apenas como um incentivo, numa demonstração de que você pode emagrecer quanto precisa.

Elogios podem distrair você, bem como as críticas.

O respeito conquistado pode envaidecê-lo, bem como as oposições mais duras podem desanimá-lo. No século 5 a.C., Neemias, um político que tomou para si a tarefa de reconstruir uma cidade (Jerusalém), tendo tão elevada missão, imaginou que haveria unanimidade ao redor. Enfrentou uma oposição tão dura que teve de acrescentar armas de defesa a seus equipamentos de trabalho. Quando os adversários pediram uma conferência, que poderia representar, no mínimo, perda de tempo, ele mandou lhes dizer o seguinte: "Estou fazendo uma grande obra". E não perdeu o foco.

## OS DEZ MANDAMENTOS
## para uma vida com foco

1. *Lembre-se do seu criador* [...] *antes que venham os dias difíceis e se aproximem os anos em que você dirá: "Não tenho satisfação neles"* (Ec 12.1, NVI).
Não tenha outros deuses além de Deus.

2. **Preste atenção no que é importante.** Saiba que "a habilidade de prestar atenção nas coisas importantes é uma característica marcante da inteligência" (Robert J. Shiller).[5]

3. **Elimine as irrelevâncias, que são aquelas coisas que não têm nada a ver com o seu foco.** Coisas irrelevantes servem apenas para desperdiçar energia, dinheiro e tempo, matando até os bons projetos.

4. **Junte o que você sabe no projeto que está realizando agora.** Reúna todas as informações disponíveis, associe-as com o que está fazendo. "Os empresários mais bem-sucedidos reúnem dados que podem ser relevantes para uma decisão-chave de maneira muito mais ampla e de uma variedade de fontes maior do que a maioria das pessoas consideraria relevante. Mas eles também se dão conta de que, quando estão diante de uma decisão importante, intuições são dados também."[6]

---

[5] SHILLER, Robert J. *Irrational exuberance*. New Jersey: Princeton University Press, 2000, p. 164.
[6] GOLEMAN, Daniel, *op. cit.*, posição 3579.

**5. Use as adversidades para mudar seu foco das atitudes erradas para as certas.**
Não podemos escolher todas as adversidades (só algumas que provocamos, voluntariamente ou não), mas podemos determinar as atitudes que teremos diante delas.

**6. Transforme os obstáculos em oportunidades para ajustar o foco e para pavimentar a estrada rumo à sua realização.**
Talvez você tenha que frear o carro no obstáculo e, depois, prosseguir.

**7. Concentre-se na realização, não no fracasso.**
Todos fracassam, mas nem todos se deixam derrotar por eles. Se forem aulas, você será aprovado.

**8. Revise a rota, mas não a deixe.**
Se a rota não foi traçada adequadamente ou se as coisas mudaram no meio do caminho, revise-a, mas prossiga para o alvo.

**9. Celebre o que já alcançou.**
A celebração das vitórias, mesmo que pequenas, tem um alto poder pedagógico.

**10. Lembre-se de que está fazendo uma grande obra, a obra da sua vida.**
É preciso que nos empenhemos naquilo que vale a pena. Se o que fazemos vale a pena, é a nossa vida valendo a pena.

## HORA DE PRATICAR

Não perca a vida focalizando o fracasso. Focalize a vitória. O pessimista já perdeu. O otimismo tem o foco certo.

Viva como se estivesse fazendo uma grande obra.

Faça como Nádia, uma jovem senhora, que me mandou a seguinte mensagem:

"Vou prestar concurso para a magistratura. Publicaram o edital hoje. Desde novinha sonho em ser juíza. A primeira prova será daqui a três meses".

*Na realização do seu objetivo, considere o seguinte roteiro:*

1. Corajosamente, responda à seguinte pergunta: "Sua vida tem foco?"

2. CONFESSE a sua dificuldade, se for o seu caso. Reveja o seu plano de voo ou faça seu plano de voo para a vida.

3. ORE, pedindo ao Senhor Deus que lhe dê o discernimento que precisa para definir os contornos operacionais do seu desejo.

4. REFLITA sobre seus ganhos e perdas, verificando que papel teve a ausência ou a presença deles na sua trajetória até agora.

5. DECIDA que, daqui em diante, sua vida terá foco; se já tem, que será mais claro e firme.

6. EMPENHE-SE para não se envolver em afetos, atitudes e atos que desviem você do seu foco.

# 2

# Relacione-se com integridade

*Não farás para ti imagem de escultura [...]. Não as adorarás, nem lhes darás culto.*

ÊXODO 20.4,5

"Se exaltamos o dinheiro, o *status* ou o sexo acima da Palavra de Deus, estamos vivendo na idolatria. Cada vez que interiormente nos submetemos às fortalezas do medo, da amargura e do orgulho, estamos nos curvando aos governantes das trevas. Cada um desses ídolos deve ser esmagado, estilhaçado e apagado da paisagem do nosso coração."

FRANCIS FRANGIPANE

Em busca do afeto, de que todos precisamos, podemos comprá-lo.

Walter era um homem admirável. Empresário bem--sucedido, já tinha dado uma guinada em sua vida. A partir daí, colocou o dinheiro em segundo plano e decidiu focar a vida em ajudar pessoas a realizarem seus projetos. Ele não aparecia. Seu dom era desenvolvido nos bastidores.

Muitas pessoas se aproximavam dele. Quando ele estava, o jantar era nos melhores restaurantes, e ele sempre pagava a conta, discretamente, pois não tinha essa vaidade. Assim mesmo, ele sentia que havia algo errado em sua vida. Numa noite, foi visitar sua mãe, e começaram a conversar. Falaram da falta do pai, que tinha morrido ainda jovem. Do início difícil, que incluiu um período como imigrante em outro país. Do casamento, que fracassara. Do sucesso num grande empreendimento imobiliário que lhe deu tranquilidade financeira para o resto da vida. Dos amigos, dos muitos amigos, alguns dos quais só apareciam em certos momentos. Do novo casamento, que ia bem.

Foi dormir, ainda na casa da mãe.

O sono foi difícil, na busca do que estava errado e o deixava muito ansioso. Um pensamento começou a vir à sua mente e, depois, perturbá-lo. Ele tinha muitos amigos. Parece que dependia desses amigos para ser feliz. Não estava bem sozinho; só com eles. Voltou no tempo, e um filme de seus relacionamentos foi se descortinando diante de seus olhos, com muita nitidez.

Walter notou que, como todos os seres humanos, precisava de afeto, gostava de ser bem visto pelos outros, apreciava ser o alvo das atenções. Se as pessoas percebiam, ele não sabia, mas agora estava claro para ele que comprava a atenção e o afeto das pessoas com palavras sempre agradáveis e reuniões que ele bancava.

"Quem são realmente meus amigos?" Sua lista de contatos era imensa. Quantos recebera em sua casa? Quantos o tinham recebido na deles?

Walter ficou feliz porque tinha amigos, mas perturbado porque alguns não o eram de fato. Suas amizades

RELACIONE-SE COM INTEGRIDADE 33

tinham sido compradas. Esses relacionamentos não eram sinceros.

Walter tomou uma decisão. Em lugar de fazer uma reunião, foi ao encontro de cada um de seus amigos, os amigos cuja amizade não fora comprada, e lhes disse: "Percebi que eu comprava as pessoas com minha amabilidade. Eu não era eu. Era uma personagem. Mudei. Renuncio a esse tipo de relacionamento fantasioso. Quero sinceridade. Quero pessoas que se relacionem comigo pelo que sou, não pelo que posso lhes oferecer". E, daí em diante, começou a trilhar a estrada da autotransformação.

**Tudo pode ser idolatrado**

Deus ordena, no segundo mandamento: *Não farás para ti imagem de escultura* [...]. *Não as adorarás, nem lhes darás culto* (Êx 20.4,5).

No primeiro mandamento (*Não terás outros deuses diante de mim* [Êx 20.3]), Deus parece pedir exclusividade e também espera que tenhamos foco. Agora, no segundo, a primeira impressão é que Deus não deseja ser representado por figuras ou estátuas e não quer que nenhuma outra divindade, que só existe em representações, nos engane.

No tempo de Moisés e seus contemporâneos, predominava o politeísmo, com sua variedade de deuses. Cada povo tinha vários deuses. Todos eram representados por figuras ou estátuas. Podiam ser carregados. Podiam ser postos sobre altares. Cada um deles oferecia, em troca da adoração, um benefício. Um oferecia fertilidade, e outro garantida prosperidade. Na verdade, por não terem existência real, eram suas representações que ofereciam

## 34 OS DEZ MANDAMENTOS

essas coisas palpáveis. Eles mesmos eram palpáveis, mas não apalpavam. Tinham boca que não falava, olhos que não viam, ouvidos que não escutavam, nariz que não cheirava, mãos que não abraçavam e pés que não andavam (Sl 115.5-7). Assim mesmo, fascinavam multidões, que se dispunham a pagar altos preços, com mulheres se entregando à prostituição cultual ou sacrificando suas crianças no fogo em honra desses deuses por promessas, nunca realizadas, de receberem fecundidade e fertilidade em seu corpo e terras.

"A meta do Segundo Mandamento é negar todos os vícios que desmerecem nossa piedade e nos afastam do verdadeiro Deus."[1] Por isso, Deus nos adverte contra todo tipo de representação (ou ídolo) que se torna o centro da nossa adoração, levando-nos a nos curvar diante da coisa que idolatramos. Como escreveu Tozer, "a essência da idolatria é a produção de pensamentos sobre Deus que são indignos dele".[2]

Nossa idolatria pode ser religiosa ou secular. As semelhanças entre elas são evidentes. Nossos deuses, na idolatria secular, respondem pelos nomes de Dinheiro, Sexo e Poder, como bem indica o autor Richard Foster, entre outros.

Os alvos da nossa idolatria podem ser figuras ou estátuas objetivas de divindades ou de coisas e causas, desejos e projetos.

Temos imensa propensão a adorar pessoas ou objetos quando julgamos que seremos bem remunerados. A gratificação (o prêmio, a recompensa) é algo inscrito na

---

[1] SCHLESSINGER, Laura C. *Los Diez Mandamientos*. Trad. Ana del Corral. New York: HarperCollins, 2006, edição eletrônica, posição 1343.
[2] TOZER, A. W. *The knowledge of the holy*. New York: HarperCollins, 1978, p. 176.

RELACIONE-SE COM INTEGRIDADE 35

cultura, que mercantiliza tudo: das religiões aos relacionamentos.
Tudo pode virar deus: dinheiro, poder, sexo, trabalho, sucesso, tecnologia.
Tudo pode ser divinizado: heróis, filhos, cônjuge, amigos, grupos, empresas, marcas, objetos, times, lugares.
Tudo pode ser idolatrado: o corpo, o sentimento, a autoestima, a ideologia, a profissão, o amor, o hábito e a razão.
Na verdade, todas essas idolatrias são uma outra trindade: eu, eu e eu. Assim, com alguma licença literária, o segundo mandamento poderia ficar assim: "Não farás de ti mesmo um ídolo". Quando pensamos demasiadamente em nós mesmos, como as crianças que pensam que o mundo gira ao redor delas, nos convertemos em ídolos, em ídolos de nós mesmos.[3]

A idolatria do egocentrismo também nos nega a habilidade de ver o papel que Deus desempenha na nossa vida, o que, por vezes, só conseguimos reconhecer quando milagrosamente somos salvos por "um triz" ou a "sorte" parece estar do nosso lado. Esse tipo de enfoque transforma Deus numa espécie de pé de coelho [um amuleto]".[4]

## Presos na caverna

Quando olhamos para um deus, não vemos Deus. E "nada é tão abominável aos olhos de Deus e dos homens quanto a idolatria, quando homens prestam à criatura a honra que é devida somente ao criador" (Blaise Pascal).

[3] SCHLESSINGER, Laura C., op. cit., posição 1004.
[4] Ibid., posição 1017.

## 36 OS DEZ MANDAMENTOS

Uma analogia com os ídolos imaginados por Francis Bacon (1561-1626) é muito instrutiva. Em seu livro *Novum organum*,[5] Bacon mostra que os ídolos são noções falsas sobre a realidade, as quais nos impedem de conhecer verdadeiramente. Com base no mito platônico da caverna, ele imaginou esses ídolos em quatro categorias.

Nós tendemos a seguir os *ídolos da tribo*, que fazem que generalizemos certas percepções, omitindo os fatores que as negam. As experiências dos antigos hebreus, influenciados pelos vizinhos, levaram-nos a pensar que tinham recebido dos deuses os prêmios por seus cultos. Quando Elias desafiou os adoradores de Baal, mostrou que o deus da prosperidade não tinha poder algum (1Rs 18). As experiências eram falsas. As pessoas estavam acostumadas a ser enganadas.

Podemos nos firmar em nossas certezas, formadas como verdades particulares indiscutíveis. Se adoramos os *ídolos da caverna*, ficamos presos a preconceitos que nos impedem de nos abrir para os caminhos que Deus nos mostra para seguir. Os hebreus tinham certeza de que, tendo o exército egípcio na retaguarda e o mar Vermelho adiante, iriam morrer (Êx 14). Eles criam mais em sua própria força, insuficiente naquela circunstância, que no poder de Deus, que os livrara nessa e em outras tantas situações.

Perturbadoras são as distorções dos *ídolos do mercado*, criados em forma de palavras, conceitos, ideias, gostos, pensamentos, que se tornam hegemônicos, sem que

---

[5] BACON, Francis. *Novum organum*. Disponível gratuitamente em português em: <http://livros01.livrosgratis.com.br/cv000047.pdf>.

saibamos de onde vêm, mas que tendemos a seguir cegamente, em nome da razão.

Quando os hebreus pediram a Arão que lhes fizesse um bezerro de ouro (Êx 32), estavam seguindo o *ídolo do teatro*, que nos chega pelos sistemas ideológicos (filosóficos e religiosos) nos quais estamos inseridos e que nos servem como um princípio de autoridade. Adorando o bezerro, não adoravam a Deus.

Francis Bacon nos ajuda a perceber que tendemos a dar aos ídolos mais poder que imaginamos.

## Rejeitando nossos ídolos

Somos chamados a não nos curvar diante dos ídolos. Durante uma viagem que fiz à China, fiquei chocado com o que vi num templo em Pequim. Numa sala central, ao ar livre, cercada de imagens (para mim, aterradoras), havia um touro, bem no centro. Era uma estátua em tamanho natural. Notei que a pintura (e mesmo parte do revestimento) estava gasta em alguns pontos. Explicaram-me a razão. Cada fiel que entra no templo deve tocar com a parte do seu próprio corpo, que quer ver abençoada pela divindade, a parte do touro no templo. O touro não tinha bolso, que certamente seria a parte mais gasta.

Quem vai ao centro financeiro de Nova York, considerado o mais importante do mundo, também se defronta com um touro de bronze, uma escultura de 3.200 quilos. Segundo as lendas, o touro representa o otimismo financeiro e a prosperidade de Wall Street, o mais importante centro financeiro do capitalismo global. Ainda de acordo com as lendas, passar as mãos pelos chifres da estátua traz prosperidade, o mesmo que buscavam os discípulos de Arão na península do Sinai e no templo taoísta em Pequim. Quem espera algum benefício de seu encontro com o touro na verdade acaba por idolatrá-lo ou, talvez melhor, idolatra o que ele supostamente oferece como recompensa.

O próprio Deus pode ser convertido por nós em ídolo, se nos relacionamos com ele numa perspectiva mercantilista. Se o adoramos para receber coisas que esperamos dele, nós o convertemos em ídolo, porque um deus assim não existe. Não passa de criação nossa.

É idolátrica, por exemplo, a oração que não resiste ao aparente silêncio ou ao definitivo "não" de Deus. É idolátrica a adoração que é feita com a expectativa de algum retorno.

Não é assim que devemos nos relacionar com Deus. Ele não é bobo e sempre sabe aonde queremos chegar com nossos louvores, se queremos segui-lo ou se queremos que ele nos siga.

A crítica que faz Laura Schlessinger não pode ser esquecida:

> O Segundo Mandamento — "Não farás para ti imagem de escultura" — representa uma dificuldade para as pessoas que buscam a religião para satisfazer necessidades humanas básicas (compras, oportunidades, poder, imortalidade, felicidade e satisfação pessoal) como o propósito de sua vida e que procuram explorar as forças da natureza em seu próprio benefício e prazer. Esta não é religião, é magia, a antítese da religião. A religião é o caminho de Deus. Quando nos interessamos por Deus, quando Deus se torna a nossa necessidade e o nosso interesse, quando a intenção de Deus torna-se o nosso desejo,

quando o caminho ou os mandamentos de Deus se tornam o nosso caminho, a nossa vida torna-se santa. A religião é para Deus, e é bênção de Deus que dá sentido à nossa vida.[6]

Não devemos nos mercantilizar diante das mercadorias, que são o que são: mercadorias. Com as coisas, devemos ter uma relação sadia. Coisas são coisas, apenas coisas. São inanimadas, a menos que lhes sopremos o fôlego da vida. Quando Jesus chamou o dinheiro de Mamom, uma palavra aramaica para a riqueza ruim, para aquilo que pode ser apreciado em termos de dinheiro desonestamente ganho,[7] estava nos lembrando de que podemos idolatrar os bens que temos, seja a conta bancária, seja o imóvel, seja o carro, sempre no plural. Quantas pessoas acham que garantiram o futuro pelas aplicações financeiras que têm! Um empresário brasileiro tinha um carro na sala de sua casa, até ser levado para pagar os credores. Há carros no Brasil à venda por um milhão de dólares. Podemos idolatrar os objetos eletrônicos que temos, embora sabendo que ficarão obsoletos depois de alguns meses.

Podemos idolatrar o conhecimento que adquirimos por meio do estudo. Há pessoas que decoram as paredes de seu escritório com diplomas e certificados que, a propósito, são sempre bordejados com a cor do ouro.

Podemos idolatrar as ideologias, tanto as políticas ou filosóficas quanto as de consumo, que se tornam moda.

---

[6] SCHLESSINGER, Laura C., *op. cit.*, posição 1343.
[7] GROENEWALD, E. P. *God and Mammon*. *Neotestamentica*, vol. 1, 1967. Disponível em: <www.jstor.org>.

Sentimo-nos na obrigação de pensar o que nos dizem que pensemos ou de vestir o que nos dizem que devemos vestir ou frequentar o restaurante que nos recomendam. É claro que nossas escolhas por essas ideologias parecem racionais, porque são vendidas como tais. Elas podem ser racionais para quem as formula, não para seus consumidores.

Tomemos a ideologia do sucesso.

Nunca podemos esquecer que o sucesso é menos importante do que os meios pelos quais o alcançamos. Se para alcançarmos o sucesso o meio é o trabalho excessivo ou a desonestidade, o sucesso terá um nome: derrota. Ganha-se o mundo inteiro, mas perde-se a alma. Ganha-se o que se julga importante, mas perde-se o que é realmente importante. Perde-se, ganha-se o ídolo, tal como o bezerro de ouro que é consumido pelo fogo.

Podemos idolatrar pessoas públicas, celebridades e subcelebridades. Candidatos a artistas (da música, da televisão ou do futebol) já têm assessores de imprensa para dizerem onde estão e o que vão fazer. Nós olhamos para a imagem dessas pessoas como se olhássemos para elas. Nós as vemos na televisão e achamos que nos relacionamos com elas. Não há imagem mais perfeita para a idolatria.

Podemos idolatrar pessoas comuns, aquelas realmente perto de nós. Os pais podem idolatrar os filhos. Esposas podem idolatrar o marido. Alunos podem idolatrar seus professores. Fiéis podem idolatrar seus pastores. Nossos sentimentos, inicialmente lindos, acabam se tornando em fantasia. Pomos essas pessoas como a razão de ser da nossa vida. Imaginamos que elas são o que não podem ser. E, quando nos relacionamos com as imagens que fazemos das

RELACIONE-SE COM INTEGRIDADE 41

pessoas, não nos relacionamos verdadeiramente com as elas, mas com os ídolos que fazemos delas.

É firme e boa a advertência de William Douglas: não devemos "idolatrar seres humanos, com suas falhas e seus deslizes. Ninguém é Deus, senão o próprio: nem o cônjuge, a conta bancária, o trabalho, o lazer, os bens de consumo, a fama, o poder ou o que for".[8]

De Deus devem vir os nossos padrões, não dos deuses que exigem o culto à felicidade, ao sucesso, à riqueza, ao poder, à aparência ou à natureza.

Podemos nos relacionar com as pessoas por aquilo que podem nos tornar. Nesse caso, nós as mercantilizamos como, por vezes, tentamos fazer com Deus. As pessoas são vistas pelo que podem nos oferecer.

Quando eu faço aniversário, recebo cumprimentos nos seguintes termos: "Parabéns! Que Deus lhe dê muitos anos de vida para continuar nos abençoando".

As pessoas não percebem que suas palavras querem dizer que não me amam pelo que eu sou, mas pelo que, provavelmente, eu possa oferecer. Não fazem por mal, mas fazem.

Em nossa busca de afeto, podemos comprar amigos como o Walter do início deste capítulo. É tudo muito sutil, sutil mas dramático em suas consequências.

Podemos idolatrar a nós mesmos, curvando-nos diante da trindade do eu, eu, eu. Escravos dessa idolatria, o que importa é o que sentimos e como nos sentimos. O que importa é que a nossa autoestima esteja alta. As pessoas precisam nos aceitar como nós somos, mesmo com nossos

---

[8] DOUGLAS, William. *O poder dos 10 Mandamentos: o roteiro bíblico para uma vida melhor.* São Paulo: Mundo Cristão, 2013, edição eletrônica, posição 1128.

## 42 OS DEZ MANDAMENTOS

defeitos de caráter — os quais não admitimos ter — e não queremos mudar. Boas são as coisas que nos dão prazer, mesmo que nos furtem a consciência. Temos de estar sempre bem. Idolatramos a felicidade.

Para não mercantilizarmos nossos relacionamentos, precisamos ouvir os Dez Mandamentos.

Ouvindo-os, precisamos perceber bem a quem estamos adorando, se a Deus ou a algum ídolo. Se for a algum ídolo, precisamos nos converter em direção ao Deus verdadeiro, que pede menos culto e mais misericórdia.

É assim que seremos verdadeiros. É assim que nos relacionaremos com Deus, com as pessoas e com as coisas de modo sincero. Esse é o caminho da integridade, proposto nos Dez Mandamentos.

## OS DEZ MANDAMENTOS
### dos relacionamentos íntegros

1. **Beba de Deus os seus valores, não junto aos ídolos deitados nos panteões e postos em pé ao lado nas avenidas.**

   Os ídolos seduzem com ofertas de coisas fáceis em letras gigantes, mas escondem nas letras pequenas o alto custo de se render adoração a eles. Quanto a Deus, o que ele nos pede é realmente bom para nós. Sem dúvida, "ter fé ou confiança em qualquer coisa que Deus não prometeu é pura idolatria, numa adoração de sua própria imaginação em lugar de Deus" (William Tyndale). [9]

---

[9] Citação disponível em <http://www.christianquotes.info/quotes-by -author/william-tyndale-quotes>

RELACIONE-SE COM INTEGRIDADE 43

2. **Adore a Deus, não a si mesmo.**
Rejeite pensar em você como se fosse uma trindade egocêntrica (eu, eu e eu).
Como escreveu João Calvino, "a mente do homem é como uma loja de idolatria e superstição. Quanto mais o homem crê em sua própria mente, mais vai abandonar Deus e forjar algum ídolo em seu próprio cérebro".[10]

3. **Vigie para não cair na malha da idolatria, seja religiosa, seja ideológica, seja psicológica.**
Na idolatria religiosa, deixamos Deus de lado e o trocamos por ídolos. Na idolatria ideológica, aderimos a um pensamento ao ponto de sacrificar a verdade. Na idolatria psicológica, nos projetamos nas pessoas que reverenciamos.

4. **Tenha com as mercadorias uma relação saudável.**
Mercadorias são mercadorias. Dinheiro é dinheiro; é para ser dominado, não para dominar.
Carro é carro, um móvel motorizado que o transporta; não deve ter nenhum valor além de sua utilidade prática. Conhecimento é conhecimento; quem o tem deve utilizá-lo para tornar melhor a vida das pessoas, não apenas a sua.

5. **Relacione-se com pessoas como sendo pessoas, não como se fossem coisas.**
Coisas são descartáveis e descartadas. Quanto às pessoas, nem a morte as leva para longe de nós.

---

[10] Citação disponível em < http://calvinquotes.com/mans-mind-is-like-a-store-of-idolatry>

6. **Valorize as pessoas pelo que elas são, não pelo que podem lhe oferecer.**
Não mercantilize seus relacionamentos. Dê afeto, dê coisas; não troque. Não tente comprar as pessoas.

7. **Relacione-se com pessoas sabendo que são falíveis, como você.**
Não faça das pessoas imagens de escultura. Não espere demais das pessoas, nem de você mesmo.

8. **Se for o caso, pare de jogar com as pessoas para alcançar seus fins.**
Por mais que pareça, pela profusão de programas televisivos nesse modelo, a vida não é um *reality show*, em que ganham que joga melhor com os sentimentos das pessoas, para aniquilá-las.

9. **Seja o que você é, sem querer parecer o que você não é.**
Um bom teste é verificar o seu avatar: que mensagem sobre você mesmo quer passar? Essa mensagem é verdadeira? Não se apoie em perfis falsos, porque você sabe que são falsos.

10. **Busque como foco da sua vida a fidelidade aos valores de Deus, não o sucesso.**
A fidelidade leva ao céu. O sucesso pode terminar no inferno. Prefira ir para onde Deus quer levar você.

## HORA DE PRATICAR

O Walter, do começo do capítulo, queria o sucesso, mas encontrou o inferno de uma vida vazia. Quando renunciou às estratégias do inferno, conheceu o céu em sua plenitude desde agora.

Nos nossos relacionamentos, não devemos agir de forma mercantilista, sempre esperando a recompensa, como se fosse um investimento, nem com Deus nem com o próximo. Antes, precisamos cuidar para não dar valor divino a objetos de fabricação humana.

Na carreira profissional, é comum dizer que o valor de uma pessoa está na rede de relacionamentos que conseguiu formar. Conhecer pessoas, sobretudo numa sociedade injusta, abre portas, empurra a carreira, gera dinheiro. No entanto, não use as pessoas.

Nenhum de nós gosta de ser usado, estratégia que se descobre quando se é descartado. Não façamos com os demais o que não gostaríamos que fizessem conosco.

*Alguns passos devem figurar no nosso* checklist *existencial:*

1. Para se autoconhecer, faça uma lista dos seus amigos. Depois, faça uma autocrítica de como se relaciona com eles. Pergunte-se também como eles se relacionam com você. Que grau de interesse há no relacionamento?

2. CONFESSE que é difícil se livrar das garras do egoísmo, que nos faz valorizar quem nos

46 OS DEZ MANDAMENTOS

valoriza, oferecer (atenção ou coisas) a quem nos oferece. A confissão é dolorosa, mas libertadora.

3. ORE, pedindo que Deus lhe mostre como é o seu relacionamento com ele.

4. REFLITA sobre as virtudes da sinceridade no relacionamento, qualquer que seja ele: conjugal, familiar ou fraternal.

5. DECIDA que, com coragem, você vai procurar se relacionar com Deus de modo íntegro, não apenas tendo-o como fonte de bênçãos, e com seus amigos, não como canais de vantagens.

6. EMPENHE-SE para, ao orar, estar mais perto de Deus, não para pedir. Empenhe-se para estar com seus amigos, independentemente do que lhe possam trazer. Interesse-se realmente por Deus e pelas pessoas, de todo o coração.

# 3

# Seja corajoso

*Não tomarás o nome do Senhor, teu Deus, em vão, porque o*
*Senhor não terá por inocente o que tomar o seu nome em vão.*
Êxodo 20.7

"Sejamos vigilantes, para honrar Deus sem usar seu
nome de forma leviana.
O passo seguinte é pronunciar esse nome sagrado com
precisão, tempo e, de preferência, dando glória a ele
não apenas com nossas palavras, mas com nosso viver."
William Douglas

Quando temos um problema para resolver num órgão
público, muitas vezes apelamos para uma pessoa que
nos encaminhará a outra pessoa a quem conhece. Quase
sempre a recomendação é a seguinte: "Pegue o processo,
vá ao setor próprio, procure por FULANO. Encontrando-o,
use o meu nome".

Quase sempre o assunto é resolvido. A menção de determinado nome abre portas e gavetas, faz processos de-
semperrarem, resolve pendências antigas.

Até mesmo quando a pessoa citada nem sequer sabe
do que se trata, o uso do nome dela pode funcionar.

OS DEZ MANDAMENTOS

Há muitos anos, um diretor da Visão Mundial Internacional se chamava Manfred Kohl, na mesma época em que o primeiro-ministro da Alemanha também era Kohl, Helmuth Kohl. Aconteceu que, algumas vezes, para resolver um problema difícil, ele dava um telefonema ambíguo para um empresário ou político, apresentando-se assim: "Aqui é Kohl, falando de Bonn".

Do outro lado, depois da surpresa, imaginando estar falando com o todo-poderoso primeiro-ministro Helmuth Kohl, a pessoa atendia ao pedido que lhe fazia Manfred Kohl.

Em todas as épocas, o nome de certas pessoas tem um grande poder.

Por isso, muitas vezes, os nomes podem ser mal usados, até mesmo falsamente.

No campo da religião, é forte o perigo da falsidade, isto é, do uso indevido do nome de Deus. É disso que trata o terceiro mandamento, que estabelece: *Não tomarás o nome do SENHOR, teu Deus, em vão, porque o SENHOR não terá por inocente o que tomar o seu nome em vão* (Êx 20.7). Proibição que pode ser traduzida literalmente assim: "Não deves tomar o nome de Javé, o teu Deus, por uma coisa vã, pois Javé não desculpa quem toma seu nome por uma coisa vã".

O mandamento tem a ver com votos. Na Antiguidade, no tempo do Antigo Testamento, não era proibido fazer votos, mas era obrigado cumpri-los.

O mandamento tem a ver com os juramentos. Na Antiguidade, não era proibido jurar em nome de Deus. Era proibido jurar falsamente. Um hebraísta judeu traduz assim o terceiro mandamento: "Não mencione o nome de YHWH, teu Deus, numa falsidade, porque YHWH não terá por inocente quem usa o seu nome numa falsidade".

SEJA CORAJOSO 49

Usar o nome de Deus para justificar a raiva ou a violência, por exemplo, é algo terrível. Lamentavelmente muitos discursos e atos de violência usam o nome de Deus, apaixonada e indevidamente.

Lembremo-nos também de que, se o mandamento de honrar os pais contém uma promessa, este traz explícita uma advertência contra os que falham.

## Quando não usar o nome de Deus

Devemos manter diante de nós a certeza de que os Dez Mandamentos não foram criados para gerar culpa e tristeza em nós, "mas para nos conduzir ao Cristo que gera harmonia e equilíbrio, conforme a boa medida do Deus que nos conhece profundamente".[1]

Eis algumas atitudes que devemos evitar no caminho de atentar com reverência para o terceiro mandamento:

**1. Não se esconda atrás do nome de Deus.** Para os ocidentais modernos, o nome é apenas um nome. Para os israelitas, o nome de uma pessoa é a pessoa. É mais que uma representação. É por isso que, em muitas experiências religiosas, sobretudo nas teofanias, Deus muda o nome das pessoas. Abrão ("pai destacado") se torna Abraão ("pai de uma multidão"), Jacó ("suplantador") se torna Israel ("aquele que foi capaz de lutar com Deus"), Saulo ("desejado") se torna Paulo ("pequeno") e Simão ("deserto") se torna Pedro ("rocha"). Algumas pessoas preferem ser chamadas por outros nomes, como Noemi ("doçura"), que se via como Mara ("amargura").

---

[1] DOUGLAS, William. *O poder dos 10 Mandamentos: o roteiro bíblico para uma vida melhor*. São Paulo: Mundo Cristão, 2013, edição eletrônica, posição 1054.

OS DEZ MANDAMENTOS

O nome se confunde com a pessoa. É sua identidade. É por isto que os cristãos aprenderam que devem orar a Deus "em nome de Jesus". Orar em nome de Jesus é orar confiante no poder de Jesus.

Aqui, no entanto, a traição pode ocorrer. Uma pessoa pode orar em nome de Jesus por achar que esse nome abre todas as portas, independentemente de quem diz (o ser humano) e independentemente de quem ouve (Deus) a oração. A expressão pode ser apenas um apelo à magia, algo que o terceiro mandamento rejeita.

A expressão pode representar o uso do nome como um ídolo, como se o nome de Deus tivesse existência livre de Deus. Um ídolo é uma infeliz representação de Deus, com a qual Deus não tem nenhum compromisso.

A expressão pode ser apenas mais um gesto ritual no mar da hipocrisia. A pessoa pode ter aprendido que deve orar "em nome de Jesus", mas não confia em Jesus, não vive como discípulo de Jesus, não tem compromisso com Jesus. Sua fala tem o mesmo valor de um "bom dia" vazio do desejo que o dia do ouvinte seja realmente bom.

Na expressão "em nome de Jesus" e em tantas outras com o nome de Deus, podemos mencionar o nome do Pai, o do Filho ou o do Espírito Santo. Pode haver fé firme, e nesse caso o uso será legítimo; por outro lado, nessa menção, pode não haver fé nenhuma, e nesse caso o uso será em vão.

Não se esconda na religião.

## 2. Não tire proveito do nome de Deus.

Em maio de 2015, um jornal paraense estampou o seguinte anúncio em sua página de classificados: "BABÁ — Casal evangélico — Precisa adotar uma menina de 12 a

SEJA CORAJOSO 51

18 anos que resida, para cuidar de uma bebê de 1 ano, que possa morar e estudar. Ele empresário, e ela também empresária [...]".

Por que o casal se diz "evangélico"? Para dizer que, sendo evangélico, isto é, que acredita em Deus, vai tratar bem a adolescente que pretende escravizar. Em última análise, o casal está tomando o nome de Deus em vão.

Uma empresa que põe um versículo bíblico numa placa ou anúncio pode estar testemunhando de sua fé em Deus ou apelando para o nome dele a fim de obter clientes e, assim, melhorar seu negócio. Se seu objetivo for comercial, estará tomando o nome de Deus em vão.

Uma pessoa religiosa que usa sua condição de vinculação religiosa para convencer alguém a confiar nela está tomando o nome de Deus em vão.

Uma pessoa que sempre saúda as outras com "a paz do Senhor" ou as despede com um "Deus te abençoe" estará usando o nome de Deus em vão se, de fato, não deseja a paz para as outras e não tem desejos de paz para elas. Se essas frases forem usadas apenas como forma de autoidentificação e desprovidas de envolvimento, serão usos indevidos.

Se um líder religioso não crê no que prega, mas prega porque as pessoas creem e lhe pagam (com dinheiro ou aplauso) por isso, está tomando o nome de Deus em vão. Se um líder religioso trata os recursos de uma igreja como se fossem seus, desviando-os de sua finalidade, usa o nome de Deus em vão. Na verdade,

> [...] os escândalos dos líderes religiosos perpetuam a ideia errada de que a religião é hipócrita e que todas as

## 52 OS DEZ MANDAMENTOS

pessoas religiosas também o são. A prisão de um ministro [...] por ter cometido fraude contra seus seguidores [...] é um ato de blasfêmia porque rebaixa Deus e aliena não somente aqueles que o cometem, mas também todos os seus seguidores, bem como as pessoas que perdem sua fé como resultado de sua desilusão com o líder que cometeu o delito.[2]

Creia sem hipocrisia. Saiba que

[...] professar uma crença de maneira hipócrita, participar em rituais vazios, chamar-se membro de uma religião sem pretender seguir suas diretrizes santas, participar de uma igreja ou sinagoga como se fosse um clube campestre social, pode ser uma fuga do dever sagrado, uma forma de idolatria, já que praticar a religião se converte em um fim em si mesmo.[3]

## 3. Não espiritualize o que não é realmente espiritual.

Seguimos por vias opostas. Por vezes, negamos a dinâmica espiritual das coisas, pensando que tudo é resultado das forças da natureza ou consequência das leis sociais, havendo, no máximo, coincidências. Por vezes, ao contrário, atribuímos tudo a Deus: nossos esquecimentos, nossas falhas, nossos erros. Coisas ruins são castigos de Deus, não consequências dos nossos erros ou de outros. Procuramos até justificar nossos equívocos.

---

[2] SCHLESSINGER, Laura C. *Los Diez Mandamientos*. Trad. Ana del Corral. New York: HarperCollins, 2006, edição eletrônica, posição 1602.
[3] Ibid., posição 1343.

SEJA CORAJOSO 53

Certa vez fui pregar numa cidade e precisava retornar de avião para atender a outro compromisso de pregação. Para ir, buscaram-me de carro. Para retornar, eu tomaria um avião. Acordei cedo e fui para o aeroporto. Chegando lá, notei que esquecera todos os meus documentos; só tinha cartões bancários e cópias no celular. Mostrei a cópia das identidades, mas só serviam os originais. Fui a uma delegacia, mas a impressora estava quebrada. Tive que voltar de ônibus e emendar com o outro compromisso.

Cheguei a pensar: "Será que Deus não está me livrando de algo pior?"

Depois, pensei: "Deus está no controle".

O avião no qual não pude embarcar não caiu. Deus não queria dizer nada com aquilo. Ele não fez nada para que eu esquecesse meus documentos.

Deus estava no controle, mas eu estava fora de controle.

Meu gesto não teve nada de espiritual. Foi esquecimento mesmo. Paguei com o cansaço, que poderia ter poupado, se fosse mais atento.

Quando um erro nosso é explicado por uma ação de Deus, estamos tomando seu nome em vão.

Por outro lado, quando atribuímos a Satanás os nossos erros, estamos agindo covardemente, tirando a responsabilidade de quem a tem: nós mesmos. O papel de Satanás é o de tentar; o nosso, é de cair ou resistir. No final, somos responsáveis.

Quando não prestamos atenção às leis de Deus, confiados de que, por cremos nele, estamos livres de suas leis, tomamos seu nome em vão. Por crermos assim, queremos

## 54 OS DEZ MANDAMENTOS

que isso nos seja uma vantagem que nos livre de cumprir as regras.

### 4. Não use o nome de Deus como argumento falacioso.

Numa discussão, que queremos vencer, podemos usar o nome de Deus como uma espécie de *argumentum ab auctoritate* (ou *argumentum ad verecundiam*). Uma discussão se vence, se for o caso, com argumentação, que vem do uso da razão que Deus nos deu.

Para as questões da salvação, a razão é insuficiente, mas não deve ser desprezada. Se queremos expor um texto bíblico, por exemplo, temos que fazê-lo racionalmente; senão, o texto dirá o que nós quisermos, mas não o que ele diz.

Nosso uso da Bíblia, num debate, deve ser cuidadoso, para não forçamos Deus dizer o que ele não diz. Os versículos não podem ser escolhidos fora de contexto, apenas porque parecem nos favorecer. Quando nos faltarem argumentos, não podemos apelar para algum texto bíblico como golpe final, como Deuteronômio 29.29 (*As coisas encobertas pertencem ao SENHOR, nosso Deus, porém as reveladas nos pertencem, a nós e a nossos filhos, para sempre, para que cumpramos todas as palavras desta lei*). O que o versículo diz, à luz dos outros que lhe estão próximos, é que ninguém pode ser hipócrita, falando uma coisa e vivendo outra, e achar que Deus não está vendo.

Mesmo as ações que ficam "encobertas" a outras pessoas são vistas por Deus. Jesus prometeu que as coisas, por um tempo ocultas, acabariam sendo reveladas (Lc 8.17). A verdade anunciada nesse texto não é uma desculpa para a falta de estudo, mas para que haja mais aplicação ao estudo, de modo que o conhecimento de Deus ilumine a nossa prática.

Se entramos numa discussão, entramos com a razão; ao sair, devemos continuar com ela. A nossa esperança é racional, porque vem da razão de Deus; é coisa certa e garantida, organizada e definida. Se não podemos idolatrar a razão, não devemos sacralizar a ignorância.

**5. Não seja irreverente.**

O nome de Deus deve ser reverenciado, porque o nome de Deus é Deus.

Assim, devemos usar o nome de Deus sempre numa perspectiva santa. Esse cuidado se aplica à sua Palavra, a santa Bíblia, e à oração, nossa forma de comunicação com Deus.

Não devemos brincar com a oração.

Não devemos brincar com a Palavra de Deus.

Não devemos prometer que oraremos por uma pessoa, se não vamos.

Não devemos banalizar a Palavra de Deus, porque essa atitude nos impede de ver as promessas e advertências ali contidas.

Devemos tomar cuidado com nossas palavras sempre e sobretudo quando o nome de Deus está presente. "A linguagem é sagrada. Todas as palavras são sagradas. Mas, quando são arrancadas da história que Deus cria e, em seguida, usadas independentemente de Deus, a linguagem é profanada."[4]

---

[4] PETERSON, Eugene. *A linguagem de Deus*. São Paulo: Mundo Cristão, 2011, p. 284.

## OS DEZ MANDAMENTOS
## para uma vida corajosa

Tomar o nome de Deus em vão é ato de covardia. Usá-lo corretamente é ato de coragem.

Devemos aceitar que "a coragem não é uma virtude nem um valor entre os valores do indivíduo, como o amor ou a fidelidade". Antes, "é o alicerce que suporta e torna reais todas as outras virtudes e valores. Sem ela, o amor empalidece e se transforma em dependência. Sem a coragem, a fidelidade é mero conformismo".[5]

A coragem não deve ser confundida com teimosia. Teimoso é quem, contra todas as possibilidades, insiste num projeto, só para provar que está certo. E, se estiver certo, não fará a menor diferença. Absalão não era corajoso; era teimoso e perdeu a vida.

A coragem não deve ser confundida com temeridade. Age temerariamente aquele que não examina os lados das questões, os perigos do empreendimento, os riscos do projeto. O fato de Deus estar conosco, conforme sua promessa, não quer dizer que lute todas as nossas lutas; ele luta as batalhas que ele aprova. Se o queremos conosco, devemos consultá-lo antes, como Davi tantas vezes fez antes de ir para as guerras. O terceiro mandamento nos sugere algumas atitudes corajosas.

1.  **Tenha a coragem de viver de modo coerente com a sua fé.**

    Quando Deus proíbe de tomar o nome dele em vão, a quem pretende proteger?

---

[5] MAY, Rollo. *A coragem de criar*. Trad. Aulyde Soares Rodrigues. Rio de Janeiro: Nova Fronteira, 1982, p. 11.

A ele mesmo? Sim. Ele não quer ser alvo de trapaças. Ele nos lembra de que não cai em trapaça. Ele não se deixa seduzir por palavras. Ele não está em campanha para ser eleito ou querido. Ele está dizendo: não se esqueça (porque esquecemos) de que eu vejo tudo. Eu sei quando o som não vem do coração. Eu sei quando os elogios querem apenas comprar bênçãos. Por isso, hipocrisia é o nome certo para a nossa religião quando usamos o nome de Deus e não vivemos como ele quer que vivamos.

Procure fazer aquilo em que você diz crer. Tenha a coragem de falar a verdade. Tenha a coragem de viver a verdade.

Não diga o que não pensa, apenas para agradar. Tenha a coragem de dizer a verdade, mesmo que não venha a lucrar com a verdade. Quando for dizer a verdade, cuide apenas para não causar dano.

Viva de modo digno de merecer confiança. "Se você ainda não é digno de confiança, comece a ser a partir de agora. Cumpra suas promessas. Cumpra seus prazos. Não fale em nome de Deus sem a certeza de que está agindo de boa-fé. Não se apresente como alguém que crê em Deus sem agir da maneira que o agrada."[6]

2. **Tenha a coragem de ser sincero no que promete.**

O que leva uma pessoa sincera a usar o nome de Deus para prometer que cumprirá um compromisso? Se for sincera, estará trazendo o testemunho de Deus para a sua promessa, porque tem a intenção de realizá-la.

---

[6] DOUGLAS, William, op. cit., posição 1422.

OS DEZ MANDAMENTOS

Assim, em ambos os casos, o uso do nome de uma pessoa ou de Deus tem a ver com falta de coragem. E será um uso indevido. O mandamento quer, então, nos dizer: viva de tal modo a não precisar jurar, mas, se jurar, jure lealmente. Quando for jurar, jure com coragem. Jure pelo nome de Deus porque tem certeza de que pode invocar o testemunho dele. Essa certeza vem de que ele vai ajudar a cumprir o seu voto porque é seu desejo cumpri-lo.

3. **Tenha a coragem de confiar.**
O que leva uma pessoa honesta a usar o nome de outra? Ela precisa ser autorizada a fazê-lo. Será um uso devido. Mesmo assim, pode ser que o uso seja motivado pelo medo. Assim, uma razão é a falta de coragem de se apresentar diretamente com seu próprio nome, que considera fraco.

Tenha a coragem de confiar em você mesmo. Lembre-se sempre da sua identidade; você foi criado por Deus e é amado por ele. Nosso sucesso depende da autoconfiança.

Tenha a coragem de confiar nos outros. A sociedade depende da confiança mútua para prosperar. O economista Kenneth Arrow, prêmio Nobel, garante, após longos estudos, que "a maior parte do atraso econômico do mundo pode ser explicada pela falta de confiança mútua".[7] Isso pode ser aplicado aos relacionamentos pessoais, bem como às organizações, às famílias e às empresas.

---

[7] COVEY, Stephen M. R., LINK, Greg e MERRIL, Rebecca R. *A confiança inteligente*. Trad. Carlos Szlak. Rio de Janeiro: Leya, 2013, posição 411.

A pior crise é a da confiança. Superá-la exige coragem. Como confiar em quem falhou? Confiar no outro é uma maneira de respeitar o outro.

4. **Tenha a coragem de assumir compromissos.** Uma das facetas do medo, que leva as pessoas a tomarem o nome de Deus em vão, é a falta de coragem para firmar compromissos, como se a vida pudesse ser vivida sem eles. O medo da crítica mata a ousadia. Por isso, soa ainda necessário recordar um dos discursos do presidente norte-americano Theodore Roosevelt em 1910:

> Não é o crítico que importa; nem aquele que aponta onde foi que o homem tropeçou ou como o autor das façanhas poderia ter feito melhor. O crédito pertence ao homem que está por inteiro na arena da vida, cujo rosto está manchado de poeira, suor e sangue; que luta bravamente; que erra, que decepciona, porque não há esforço sem erros e decepções; mas que, na verdade, se empenha em seus feitos; que conhece o entusiasmo, as grandes paixões; que se entrega a uma causa digna; que, na melhor das hipóteses, conhece no final o triunfo da grande conquista e que, na pior, se fracassar, ao menos fracassa ousando grandemente.[8]

---

[8] Trecho do discurso *Cidadania em uma República* (ou "O homem na arena"), proferido na Sorbonne por Theodore Roosevelt em 23 de abril de 1910. Citado por BROWN, Brené. *A coragem de ser imperfeito.* Trad. Joel Macedo. Rio de Janeiro: Sextante, 2013, edição eletrônica, posição 93.

OS DEZ MANDAMENTOS

Aquele que sabe que faz parte da família de Deus e não se vê mais como estrangeiro e peregrino (Ef 2.19) pode firmar compromissos.

Os fortes se comprometem. Os fracos se escondem. O cronista bíblico registra uma atitude reveladora de Saul. Escolhido rei, quando foi procurado para tomar posse, estava escondido entre a bagagem (1Sm 10.22).

Há muitas pessoas escondidas na bagagem. Creem em Deus, mas não o suficiente para confiar nele. Creem em Deus, mas não têm o poder de Deus, porque não pedem a ele para serem fortalecidos segundo a riqueza da glória de Deus (Ef 3.14-16).

5. **Tenha a coragem de enfrentar os problemas.** Nem mesmo os que se dizem crentes podem experimentar o poder de Deus caso se recusem a enfrentar seus próprios problemas, alguns dos quais podem ter origem na infância ou ser o resultado de padrões de comportamento que atravessam gerações em sua família.

Pessoas assim vivem repetindo o nome de Deus, em orações, canções e mesmo atitudes, mas não têm coragem de pedir a Deus que as ajude a lutar com suas fraquezas.

Casais se dilaceram porque não admitem suas fragilidades.

Muitas organizações fecham os olhos para suas próprias vulnerabilidades, mas se esquecem de que estas têm o poder de liquidar as próprias organizações.

No entanto, "se desejamos uma clareza maior nos nossos objetivos ou uma vida espiritual mais significativa", o reconhecimento e o enfrentamento da nossa vulnerabilidade nos põem num bom caminho.[9]

Não devemos "abrir mão de nossas emoções por medo de que o custo seja muito alto, porque essa atitude nos afasta do significado da vida". Na verdade, "nossa rejeição da vulnerabilidade deriva com frequência da associação que fazemos entre ela e emoções sombrias como o medo, a vergonha, o sofrimento, a tristeza e a decepção — sentimentos que não queremos abordar, mesmo quando afetam profundamente a maneira como vivemos, amamos, trabalhamos e até exercemos a liderança". "Não podemos nos esquecer que, quando estamos vulneráveis, é que nasce o amor, a aceitação, a alegria, a coragem, a empatia, a criatividade, a confiança e a autenticidade".[10]

Não é quando estamos vulneráveis que oramos mais?

Há duas metáforas — máscaras e armaduras — que nos ajudam nesse esforço de superação pela verdade acerca de nós mesmos. "Com as máscaras nos sentimos mais seguros, mesmo quando elas nos sufocam. Com as armaduras nos sentimos mais fortes, mesmo quando ficamos cansados de carregar tanto peso nas costas."[11]

Há riscos em nos desnudarmos, mas o prejuízo é maior em nos escondermos. Um estudo acadêmico mostra o valor de jogarmos fora os nossos segredos. Segundo a pesquisa com pessoas que experimentaram

---

[9] BROWN, Brené, op. cit., posição 393.
[10] BROWN, Brené, op. cit., posição 393.
[11] Ibid., posição 1414.

# 62 OS DEZ MANDAMENTOS

traumas como estupro e incesto, quando as vítimas compartilhavam suas histórias, "sua saúde física melhorava, as visitas aos médicos eram menos frequentes e elas apresentavam uma queda significativa em seus hormônios do estresse".[12]

Não precisamos ignorar nossas emoções. Antes, precisamos compreendê-las e, quando estão além da nossa capacidade de equilibrá-las, buscar quem nos ajude a pôr em ordem nosso mundo interior.

6. **Tenha a coragem de se importar com os outros.** Uma das facetas mais sombrias da religião é a produção da indiferença. Devia ser uma contradição estarem juntas as palavras "fé" e "indiferença".

Contudo, há pessoas de fé que não têm interesse pelos outros, que não se importam com os outros. Elas sabem que "a intimidade requer coragem, porque o risco é inevitável".[13] Sabendo disso, acovardam-se.

Devemos sempre nos lembrar de que "o relacionamento entre o compromisso e a dúvida não é, de modo algum, antagônico. O compromisso mais saudável não é o que está livre de dúvidas, mas o que existe apesar delas".[14]

Pessoas assim tomam o nome de Deus em vão. Dizem ao outro "Deus te abençoe", mas não perguntam como podem ser usados por Deus para abençoar o outro.

Pessoas assim repetem o Pai-nosso e amam ouvir o "Venha a nós o teu Reino", tomando bênçãos a serem recebidas por elas e, no máximo, por seus familiares.

---

[12] Ibid., posição 1020.
[13] MAY, Rollo, op. cit., p. 11.
[14] Ibid., p. 19.

SEJA CORAJOSO 63

Perguntaram a uma senhora com cidadanias brasileira e americana sobre as diferenças e semelhanças entre as culturas. Ela, que já viveu em outros países, preferiu falar de traços entre duas. Os americanos não querem contato. Se você começa a contar a sua história, eles o interrompem. Eles dizem claramente, que não querem ouvir e lhe pedem para ir direto ao ponto. Na verdade, eles não querem se envolver. Talvez o traço seja distintivo entre as sociedades dos dois países, mas talvez o fosso esteja diminuindo. Cada vez mais, também no Brasil, as pessoas não querem ouvir as histórias dos outros. Cada um que fique com seus problemas — eis a mensagem.

Pessoas assim conhecem apenas o verbo "receber" e ignoram o verbo "dar".

Importar-se é para os corajosos. Os corajosos não tomam o nome de Deus em vão.

A generosidade é filha da coragem. Não tem a ver com dinheiro; tem a ver com o coração.

Uma família fez uma reforma em sua casa. Os operários traziam sua comida, mas a família lhes dava água, café, bolo e frutas, que podiam comer livremente. Nunca abusaram, mas um comentou: "Nesta casa tem fartura porque vocês sabem dividir".

Quem dá não dá porque tem hoje, mas porque confia que amanhã Deus dará mais.

7.  **Tenha a coragem de viver de modo profundo.**
    A superficialidade é uma doença, que se alimenta da preguiça e do medo.

    É mais fácil usar o nome de Deus do que amá-lo, porque amá-lo implica um relacionamento que pode ser exigente. É sedutor usar o nome de Deus para deixá-lo distante, de modo que não nos incomode.

Dois pastores conversavam. Tinham vinte anos de diferença, mas o mais novo se considerava jovem. Ele narrou a conversa que tivera com o pastor principal de sua igreja.

— Nós o amamos, mas foi duro dizer a ele que as pessoas não querem sermões bem elaborados, que são longos e demandam reflexão. As pessoas querem mensagens curtas, com palavras de efeito, mesmo que rasas.

— Qual foi a reação dele?

— Ele está pensando.

Se a questão é apenas quanto à forma de comunicação, não há perda. Se o conteúdo é prejudicado, a vida é prejudicada.

Viver de modo profundo demanda coragem.

A coragem de quem crê se mostra no interesse que tem em conhecer Deus profundamente. Ele se revela na Palavra que deixou. Muitos cristãos amam a Bíblia, mas muitos não a conhecem. Quem não a conhece não conhece Deus. O conhecimento de Deus implica estudo, que exige tempo e dedicação. A superficialidade é uma sedução.

A coragem de quem crê se mostra na disposição de mudar. Quem crê não se esconde atrás de uma frase como esta: "Deus me fez assim". Talvez nunca saibamos porque somos assim, mas podemos saber o que ele quer que sejamos, e é nessa direção que devemos nos mover, o que está bem longe do conformismo.

A superficialidade é sedutora, mas é completamente inútil para uma vida que vale a pena, tanto nas vitórias quanto nas provas. Os superficiais vencem e acreditam que foi seu braço que conquistou o triunfo. Quando perdem, os superficiais se revoltam. Os profundos vencem e agradecem a Deus pelo triunfo. Quando perdem, os profundos agradecem a Deus pela derrota e, como Saulo, perguntam: *que farei, Senhor?* (At 22.10).

8. **Tenha coragem de colocar os valores acima dos benefícios.**
Na moral de muitas pessoas, os fins justificam os meios. Se o resultado da mentira é o lucro, elas mentem. Se, para subirem, a bajulação funciona, elas bajulam. Se o errado se torna certo, elas se alegram com o erro.
Colocar os valores acima dos benefícios demanda coragem.
Ninguém deve preferir ficar com os valores pelos benefícios que possam trazer. Fazer assim é como tomar o nome de Deus em vão. É parecer bom quando não se é.
Se for o caso, disponha-se a sofrer pelos valores ensinados por Deus. Fique bem com Deus, mesmo que tenha de ficar mal com o mundo. Alegre-se por ser considerado digno de sofrer afrontas por causa do nome de Deus (At 5.41).

9. **Tenha a coragem de criar.**
Deus, na verdade, não é um nome, mas um título genérico para o criador e sustentador da vida.
Os autores bíblicos foram criativos em nomear Deus Pai e Jesus. Eis alguns desses nomes, entre tantos outros: Adonai, advogado, alfa e ômega, Amém,

## 66 OS DEZ MANDAMENTOS

bom pastor, chefe de todas as coisas, Emanuel, estrela da manhã, eu sou o que sou, leão de Judá, libertador, Messias, mestre, noivo, pão do céu, pedra de esquina, príncipe dos reis da terra, porta, princípio e fim, raiz de Davi, redentor, rei dos reis, salvador do mundo, santo, Senhor.

Se "toda profissão pode exigir e exige coragem criativa",[15] a profissão de fé em Deus também.

Quando examinamos a Bíblia, vemos que ela usa milhares de metáforas para descrever a experiência do encontro entre homem e Deus. Suas orações estão plenas de poesia. Há livros inteiros de poesia. A poesia é a marca dos poetas e mesmo dos epistológrafos, como o apóstolo Paulo.

Deus, o supremo artista, espera que sejamos criativos também. Não temos que nos referir a ele com as mesmas palavras, não temos que lhe cantar canções com os mesmos ritmos.

Deus é criativo e espera que suas criaturas também criem.

**10. Tenha coragem de tomar decisão.**
Precisamos de coragem para decidir.

Nossos problemas podem nos envolver de tal modo que procrastinemos nossas decisões.

Os modismos podem decidir por nós, embora nós mesmos arquemos com as consequências.

A fé em Deus precisa nos nutrir de coragem para vivermos a vida que ele espera que tenhamos, sem que nos escondamos.

---

[15] MAY, Rollo, op. cit, p. 11.

## Para não tomar o nome de Deus em vão

Coragem é coisa que vem do coração. Precisamos dela para usar santamente o nome de Deus.

1. Use o nome de Deus, mas sempre como uma oração. Antes de dizer "Deus" ou qualquer dos seus sinônimos, pense, ore, para que seja sempre um ato de adoração a ele.

2. Tome o nome de Deus como sendo o seu sobrenome. Saiba que tomar o nome de Deus indica o seu pertencimento à família de Deus. Não envergonhe o seu sobrenome.

3. Porte o nome de Deus, mas não se engane com o nome de Deus. Não faça desse nome um amuleto, para enganar você mesmo.

4. Relacione-se com Deus como você é, desejando ser o que ele deseja que você seja.

5. Renuncie à oração como tentativa de manipular Deus, porque isso é magia. Também rejeite fazer da oração uma forma de controlar Deus, porque isso é idolatria.[16]

---

### HORA DE PRATICAR

Sem coragem, nada realizamos.
Sem coragem, nunca descemos da superfície.
Precisamos de coragem para anunciar a verdade, quando a mentira é o jogo de todos.

---

[16] O parágrafo é inspirado em Peterson, Eugene, op. cit., p. 286.

Precisamos de coragem para denunciar a corrupção, embora seja o jeito escolhido pela maioria. Precisamos de coragem para renunciar às nossas pretensões ditadas pelo egoísmo. A coragem é necessária, mas difícil, porque importa um preço.

Se trabalhamos num lugar em que a nossa consciência é violentada pelas práticas empresariais, sejam oficiais ou informais, precisamos de coragem para não ser iguais e não fazer o que condenamos. Precisamos lutar para mudar a cultura da empresa ou, depois de lutar e nada conseguir, sair dessa empresa para respirar outros ares. A coragem não deve ser exercida irresponsavelmente. Se é impossível conviver, precisamos procurar outro lugar onde trabalhar e então rumar para outro ambiente.

*Eis algumas atitudes que devem fazer parte das nossas experiências de vida:*

1. Verifique sempre a sua motivação, para trabalhar, para conviver, para fazer o bem, para orar. Parta sempre do que você é, não do que imagina ser.

2. CONFESSE que é difícil ir além de usar protocolarmente o nome de Deus, em busca de um relacionamento com ele que não se esgota em seu próprio nome, porque ele é maior.

3. ORE, pedindo que lhe mostre quem ele é.

4. REFLITA sobre o privilégio de ser parte da família de Deus, de quem você herda o nome.

5. DECIDA corajosamente que você não se conformará com uma vida superficial, de conceitos vagos, de relacionamentos vazios, de práticas desonestas, mas que buscará a plenitude da vida, como Deus quer.

6. EMPENHE-SE em amar a Deus e às pessoas.

# Celebre

*Lembra-te do dia de sábado, para o santificar. Seis dias trabalharás e farás toda a tua obra. Mas o sétimo dia é o sábado do Senhor, teu Deus; não farás nenhum trabalho, nem tu, nem o teu filho, nem a tua filha, nem o teu servo, nem a tua serva, nem o teu animal, nem o forasteiro das tuas portas para dentro; porque, em seis dias, fez o Senhor os céus e a terra, o mar e tudo o que neles há e, ao sétimo dia, descansou; por isso, o Senhor abençoou o dia de sábado e o santificou.*

Êxodo 20.8-11

"Em nome de Deus, pare um momento, interrompa seu trabalho e olhe em volta de você."

Leon Tolstoi

É a atitude perante a vida que a torna suave ou pesada, tirados aqueles que realmente enfrentam adversidades que não conseguem alterar.

Como todos vivemos, importa como vivemos. É o "como" da vida que a faz boa ou ruim.

Somos, às vezes, Noemi ("doçura") e, às vezes, Mara ("amargura"). Sim, há momentos de amargura (no tempo da perda, da decepção, da derrota), mas a vitória sobre a

amargura depende também de uma disposição interior.
E é nesse campo que uma fé madura faz uma diferença
fundamental.

Essa disposição é igualmente fundamental para a
compreensão do trabalho, que ocupa a maior faixa do
nosso tempo diário e o maior espaço na nossa vida.
Em relação ao trabalho, o modo como o fazemos é
decisivo.
Nos Dez Mandamentos, Deus nos ensina a tratar bem
o tema do trabalho.

## Trabalhe. Deus trabalha

O trabalho faz parte do quarto mandamento: "Seis dias
trabalharás".
Fica consignado que o trabalho é uma ordem de Deus
para todos os seres humanos. Quem trabalha depende de
si mesmo para sobreviver, não do trabalho dos outros. O
trabalho é digno, desde que feito com caráter, isto é, com
princípios que você praticaria em casa.

1. **"Seis dias trabalharás."** Como advertiu Dorothy
   Sayers, a heresia principal do mundo moderno é sua
   incapacidade de ver o trabalho como "a expressão da
   força criativa do homem a serviço da sociedade", ao
   recebê-lo apenas como algo que uma pessoa faz para
   ganhar dinheiro e se divertir.[1]
2. **"Seis dias trabalharás."** O trabalho deve ser uma extensão da fé. Temos dificuldade em perceber de forma

---

[1] Citado por KELLER, Timothy e ALSDORF, Katherine Leary. *Como integrar fé e trabalho.* São Paulo: Vida Nova, 2014, p. 72.

## 72 OS DEZ MANDAMENTOS

unificada o nosso trabalho e a nossa fé. Eles são parte de um só mundo, não de dois.[2]

Aprendemos na Bíblia, sobretudo no Novo Testamento, que Deus não retrata a vida cristã como se fosse dividida entre duas esferas: uma secular e outra sagrada. Em Cristo, o que antes era visto como secular foi tornado sagrado. O muro entre essas duas esferas foi derrubado.[3]

O que importa é que todas as coisas estejam em harmonia com a vontade de Deus. "Nosso lar, nosso trabalho, os medicamentos, os esportes — até mesmo o sexo — podem estar em harmonia com a vontade de Deus ou ser contrários a ela." Este é o fator decisivo.[4]

Assim, o trabalho é sagrado, e o descanso também o é. O secular não existe. O que é sagrado é o que está em harmonia com os mandamentos de Deus. Se o trabalho está em harmonia, é sagrado. Se o lazer está em sintonia com a vontade de Deus, é sagrado. Se a vida familiar é desenvolvida na certeza de que Deus faz parte dela, é sagrada.

3. **"Seis dias trabalharás."** Falta um dia na semana para indicar que o propósito da vida não é o trabalho. Ele é parte da vida, não seu sentido. O quarto mandamento é também sobre a idolatria. "Quem faz do trabalho o propósito de vida — mesmo que seja o ministério cristão — cria um ídolo que compete com Deus. Nosso relacionamento com Deus é o alicerce mais importante da vida e, na verdade, é ele que impede que todos os

---

[2] BECKETT, John. *Adoro segunda-feira*. São Paulo: ABU, 2000, p. 68.
[3] Cf. PEABODY, Larry. Citado por BECKETT, John, op. cit., p. 83.
[4] BECKETT, John D., op. cit., p. 85.

outros fatores — trabalho, amizades, família, lazer e diversão — se tornem tão importantes a ponto de se transformarem em vício e distorção."[5]

Não idolatre o trabalho como se fosse a fonte de todo o seu bem-estar.

Um profissional me escreveu para falar das dificuldades que enfrenta no trabalho quando, por vezes, opta por "descansar mais em vez de gastar longas horas e milhas extras com o trabalho. Eles sempre querem mais." (Alexandre A.)

4. **"Seis dias trabalharás."** O trabalho gera três resultados: um é o dinheiro, por si mesmo. O outro é o sentido de missão. Há um terceiro, que é usar o dinheiro do trabalho para fazer o bem.

O jornal *The New York Times* conta as histórias de pessoas que decidem trabalhar em setores que pagam bem, como o financeiro, com a esperança de poder ajudar a sociedade, não apenas a si mesmas, como parte do movimento "altruísmo eficaz". É o caso de Matt Wage. Depois de se formar, em 2012, foi trabalhar numa empresa de corretagem de arbitragem financeira, certo de que, "por ganhar mais dinheiro, ele teria mais chances de mudar a vida de outras pessoas para melhor". Em 2013, chegou a doar a metade de sua renda bruta, revelou ao jornal. Ele disse que pretendia continuar doando a metade do que recebia. "Tudo isso sugere que Wage talvez salve mais vidas com suas doações do que salvaria se tivesse se tornado funcionário de uma ONG."

---

[5] KELLER, Timothy e ALSDORF, Katherine Leary, op. cit., p. 42.

74 OS DEZ MANDAMENTOS

O jornal lembra ainda o chamado "investimento de impacto", que é a prática de usar o capital "para produzir um bem ou fornecer um serviço que cause impacto social positivo, ao mesmo tempo que gera algum nível de retorno financeiro".

O trabalho precisa ser uma plataforma para fazer o bem, seja por ele mesmo, seja pelo destino dado ao dinheiro que traz. Como disse um professor, "os profissionais podem perceber que têm o potencial de fazer o bem, não apenas de ganhar dinheiro".[6]

5. **"Seis dias trabalharás." O trabalho nos iguala.**
Todos os dias nos levantamos para trabalhar. Uns em casa; outros na rua.

O trabalho nos diferencia.

Uns amam trabalhar. Outros odeiam trabalhar. Na verdade, são raras as pessoas que não gostam de trabalhar. O que gera desgosto em alguns é especificamente o que fazem ou o ambiente em que o fazem. Um trabalho bom (naquilo de que se gosta) não pode ser bom se o ambiente é hostil, leviano, maledicente. Um trabalho bom não pode ser amado se as relações não são boas, se há injustiças flagrantes. Um trabalho bom não pode ser bom se é exercido sob as chibatas da escravidão, modernamente desenvolvidas por meio de metas absurdas ou de jornadas abusivas, ou de remunerações iníquas.

Quem está nessa condição só tem duas coisas a fazer: pedir a Deus outro trabalho e começar a olhar à sua volta em busca de novas oportunidades, mesmo

---

[6] "Ganhar dinheiro e fazer o bem é nova tendência nos EUA". *The New York Times*, 09.05.2015. Edição brasileira.

que demandem mais estudo e mais esforço. A libertação poderá tardar, mas virá. Deus, que é justo e bom, é um trabalhador. Jesus mesmo afirmou: "Meu Pai trabalha até agora".

Felizes são, assim, os que têm um trabalho bom.

Felizes são os que se levantam com vontade de começar a desenvolver suas atividades, sem ficar durante o dia mirando o relógio para a hora de parar.

Felizes são os que têm colegas ou sócios honestos, com os quais vale a pena estar.

Felizes são os que notam que seu trabalho faz diferença na vida das pessoas.

Felizes são os que podem ver seu trabalho como parte da vida, não como um apêndice abominável.

Quem é feliz no trabalho deve e pode, a cada dia, agradecer a Deus pelo presente recebido.

Quem é feliz no trabalho deve e pode se empenhar para não torná-lo ruim para os outros.

Quem é feliz no trabalho será ainda mais pleno, se fizer de seu ofício um trabalho de rei, como se estivesse num templo trabalhando a vida toda para o rei do universo.

Quem trabalha demais, sem realmente precisar e sem descansar, está possuído pelo sentimento da onipotência.

## Descanse; Deus descansa

Ao "Seis dias trabalharás" junta-se o "Não farás nenhum trabalho" no dia do descanso (sábado).

Convidados a discorrer sobre seu descanso, muitos leitores dos meus textos responderam.

Boa parte reconhece que não descansa tanto quanto deveria.

Um escreveu: "Descansar é preciso e sei que pouco o faço!" (Madson).

Outra completou: "Temos que separar horas, até mesmo um dia, para meditar, orar, louvar" (Lúcia Helena).

Uma professora se justificou: "Eu descanso pouco, pois trabalho muito! O lado bom é que eu gosto muito do que faço e, às vezes, relaxo quando dou minhas aulas. É uma terapia pra mim" (Teresa).

"Não, eu não descanso. Sempre preciso estar fazendo pelo menos duas coisas ao mesmo tempo." (Martha)

Um jovem lamentou: "Eu descanso o corpo, mas tenho muita dificuldade de descansar a mente" (Carlos D.).

Descansar é um grande problema para as mulheres:

"Eu descanso menos do que preciso e menos do que gostaria, devido às necessidades de conciliar o trabalho fora e dentro de casa" (Márcia).

"Quase não descanso. Não tenho tempo! Apenas durmo quando dá, no tempo que der. Tenho uma filha pequena, trabalho e estudo à noite" (Marina).

Um pastor confessou: "Não descanso. Como um ensaio, comecei a separar um tempo de oração, na sexta à noite, que me obrigue a parar" (Cosme).

Uma jovem que estuda para concursos declarou: "Descanso? Isso não me pertence. Quem estuda para concursos, estuda praticamente todos os dias" (Silésia).

Uma mãe lamenta: "Raramente descanso. Quando posso, chego em casa e deito no sofá. Ouvindo o silêncio. Vejo alguns programas na televisão a cabo e leio livros" (Letícia).

Uma secretária aposentada comenta: "Confesso que não descanso, de fato, pois sempre me surpreendo envolvida com vários afazeres" (Tânia C.).

O padrão é dado por um administrador: "Descanso pouco. Para descansar, geralmente durmo ou vejo algum filme ou programa. Gosto de ler, mas já leio bastante em minha rotina normal. Quando possível, viajo com a família" (Paulo Wulhynek).

Poucos descansam. Alguns têm o descanso ainda como um projeto. É o caso de Abimael, que decidiu "levar a vida, e a mim mesmo, menos a sério!"

Quanto ao método, Valéria conta como faz: "Descanso andando, lendo, dormindo, dançando, conversando. Ajudando aos outros, indo ao teatro, olhar o mar, ouvir música".

Márcia M. muda a atividade, correndo e nadando.

Os métodos de descanso são mesmo variados:

"Só descanso quando viajo" (Lúcia M.).

"Cochilo quinze minutos à tarde, no máximo, e é raro. Descanso bastante na massagem. E descanso quando choro muito lavando a minha alma com Deus" (Bianka).

Uma senhora fez diferente: ela escolheu um estilo de vida em que trabalha menos. "Descanso em casa, curtindo a família, cozinhando, vendo seriados, lendo... Não saio muito porque tenho bastante medo do Rio de Janeiro. Meu descanso acaba sendo afetado pelo 'sistema' (tudo custa algo) e pela violência, mas tento ter momentos divertidos mesmo em casa." (Eliana)

Outra se serve da música. "Procuro colocar prazer em todas as minhas tarefas diárias, não permitindo fazê-las com estresse. A música está presente no meu dia a dia." (Arilda)

Um executivo fala de seu método: "Prefiro descansar após finalizar projetos maiores ou encerrar alguma crise que esteja administrando. Talvez seja melhor administrar períodos de descanso durante esses momentos" (Alexandre P.).

Um advogado (Carlos G.) diz que dorme de três a quatro horas por noite e está satisfeito. Uma de suas formas de descanso é orar pelos enfermos.

Uma senhora fala de seu método: "Descanso vinte minutos após o almoço. Durmo oito horas à noite. Procuro deitar cedo. Descanso também no lazer. Dar uma saidinha com a família para tomar um sorvete, ler um livro, ouvir música" (Miriã).

Veja o domingo de uma dona de casa: "No domingo, levanto mais cedo. Vou à igreja. Após o almoço, descanso assistindo a meu programa predileto na TV. Faço visita a alguém que precise" (Dulcineia).

Outros colaboradores preferiram caminhar por uma via diferente, pensando no descanso espiritual.

"Nos momentos mais difíceis da minha vida, pude experimentar um descanso divino! Eu tive a plena certeza de que Deus estava no controle da situação e que eu já havia feito TUDO que me cabia! A partir desse momento, pude realmente descansar! Vivi momentos de paz e tranquilidade, que excederam todo o meu entendimento! Em meio à tempestade, me sentia firme e segura! Pronta para enfrentar quaisquer obstáculos! Sentia-me com as forças renovadas! Esse descanso só foi possível porque nesses momentos Deus ocupou o seu lugar!" (Patrícia).

"Descanso o meu espírito em oração, conversando com o Espírito de Deus." (Rosana)

"Descanso firme na Palavra, pois eu acredito que DEUS é meu pai e irá providenciar a solução do que está me atormentando. Também quando vem algum pensamento sobre a situação para me deixar angustiada, eu começo a louvar a DEUS." (Angélica)

Assim, uns preferiram falar do descanso do corpo; outros, da mente; e, ainda outros, da alma.

Um dos terríveis inimigos que temos a enfrentar é o cansaço, que pode ser físico e/ou emocional.

O cansaço físico vem quando desenvolvemos tarefas além da nossa capacidade para realizá-las.

O cansaço é um déficit. Ficamos cansados quando as energias gastas não são repostas em tempo hábil para serem novamente gastas.

O cansaço é um desequilíbrio entre a força real e a força necessária, o que faz que o peso daquela tarefa nos chegue como uma sobrecarga.

O cansaço se torna uma realidade quando ignoramos o nosso ritmo e nos pomos a correr numa velocidade além da nossa competência.

O cansaço nos deixa fracos até para fazer o que sempre fazemos.

Diante dessa perspectiva, podemos continuar cansados ou podemos descansar. Não há meio-termo.

Como as exigências são muitas e queremos dar conta do que nos cabe, ou achamos que nos cabe, continuamos, mais cansados hoje do que ontem, mais exaustos amanhã do que hoje.

Como queremos competir com os mais velozes do que nós, no ritmo deles, como se não fôssemos pessoas diferentes, arrebentamos os nossos músculos, às vezes irrecuperavelmente, e, quando isso acontece, somos deixados de lado pelo sistema ao qual servimos como escravos.

Como queremos provar a nós mesmos que não somos frágeis, nossas forças vão sendo drenadas, como a água desperdiçada na rua por um cano rompido.

Já o cansaço emocional é o desgaste dos músculos vitais que nos sustentam. Então, todo o peso é recebido sobre os nossos ombros como se fosse insuportável.

Quando estamos cansados emocionalmente, nossos neurônios fazem devagar demais as conexões que antes faziam rapidamente, como se fosse um veículo na descida. Assim, os agradáveis cantos dos pássaros se tornam irritantes, os melhores sonhos terminam em pesadelos, os dias antes breves se tornam longos e as noites outrora serenas parecem intermináveis; fica firme apenas a tristeza de viver.

O cansaço emocional alimenta-se de si mesmo, até que o último grão seja comido. E vem a fome.

O cansaço emocional é filho da decepção que se repete, é consequência de perdas que se acumulam, é esgotamento de energias freneticamente distribuídas, é vitória das feridas na alma.

O cansaço emocional vem quando damos o que não mais temos ou nunca tivemos, quando não equilibramos as colunas do "posso" e do "não posso" nos deveres da vida, quando vamos além do que devemos e, ao fim, acabamos nos encurvando até tocar dolorosamente o chão.

A atitude simples a ser tomada é a mais difícil. Na hora do cansaço, não adianta resistir-lhe. É hora de perder para ele, que é o único caminho para a vitória.

Então, precisamos ouvir "Não farás nenhum trabalho" no dia do descanso.

CELEBRE 81

## OS DEZ MANDAMENTOS
do descanso

**1. "Não farás nenhum trabalho" no dia do descanso.**

Isso quer dizer que há um limite ("Seis dias trabalharás") para o tempo dedicado ao trabalho, sob pena de ele ser prejudicial, tanto à vida quanto à própria produção almejada. Trabalhar de mais ou de menos agride o propósito do trabalho e causa esgotamento,[7] às vezes irreversível.

Gostamos de ir além dos nossos limites. Por isso, trabalhamos muito.

Mesmo quando fazemos aquilo de que gostamos — o que nos coloca na categoria dos privilegiados porque a maioria das pessoas trabalha apenas pelo dinheiro que recebe —, sim, mesmo fazendo o que amamos, ficamos cansados.

Pode ser que trabalhemos demais por causa das exigências que nos são impostas ou porque nós mesmos nos tenhamos imposto um ritmo insano, seja para ganhar uma competição, real ou imaginária, seja para provar que somos bons.

Quem aplaude o nosso trabalho não fica cansado. Nós ficamos.

O cansaço afeta todas as áreas da nossa vida, prejudica poderosamente os nossos relacionamentos e solapa profundamente a nossa vontade de viver e fazer o que é bom.

---

[7] KELLER, Timothy e ALSDORF, Katherine Leary, op. cit., p. 220.

OS DEZ MANDAMENTOS

Nesta hora, é bom pararmos diante do espelho e nos perguntar: "Onde você quer chegar?"

Descansar faz bem à saúde física e emocional. Descansar faz bem aos relacionamentos. Descansar nos faz trabalhar melhor. Descansar faz que nos encontremos com nós mesmos, ao nos permitir ver que o trabalho é apenas uma das dimensões da vida, porque há outras, muitas outras.

Quem inventou o trabalho, inventou também o descanso. E ele sabe das coisas.

2. **"Não farás nenhum trabalho" no dia do descanso.**

Quem descansa imita a Deus. Ao criar o cosmo, ele gastou seis dias (ou seis eras) e descansou no sétimo (ou na sétima era).

Deus descansou. Quem não descansa se põe acima de Deus.

3. **"Não farás nenhum trabalho" no dia do descanso.**

O sábado nos liberta da escravidão do trabalho e dos benefícios que o trabalho traz. Não precisamos ser uma geração que não conhece o sábado. Quem vive para acumular não conhece o sábado.

4. **"Não farás nenhum trabalho" no dia do descanso.**

"Descansar é, na verdade, um modo de aproveitar e celebrar os benefícios do trabalho de Deus e do nosso."[8]

---

[8] KELLER, Timothy e ALSDORF, Katherine Leary, op. cit., p. 220.

CELEBRE 83

Trabalhar bem requer descansar. Assim como a terra precisa descansar para produzir melhor, o corpo humano precisa descansar para ser melhor. Descansar demanda disciplina e inclui planejamento. Até o descanso deve ser planejado tal como o trabalho. Se o tempo para o descanso não for agendado, ficará para depois ou com as sobras.

O ideal é que haja uma pausa de um mês no ano para o corpo parar, mudar de ares e lugares. Um mês é um tempo bom para que a vida seja desacelerada. Férias, não desperdício, são, numa linguagem que o mundo do trabalho entende, um investimento com excelentes resultados. Não espere seu corpo parar por conta própria (ficando doente, por exemplo). Pare alguns pontos antes da estafa. Ouça o seu corpo. Não espere ele gritar.

Um profissional, que estava em viagem de trabalho, me lembrou que "quando a mente trabalha bem e há planejamento e priorização, o corpo 'sofre' menos, e isso se aplica a casa, trabalho e igreja" (Alexandre A.).

5. **"Não farás nenhum trabalho" no dia do descanso.**
   Não confunda o descanso com a ideologia do lazer. Segundo a ideologia do lazer, todo o tempo livre deve ser ocupado.

   Segundo a ideologia do lazer, todo feriado ou final de semana deve ser ocupado com uma atividade, o que pode incluir uma estafante viagem, com os membros da família trocando insultos por causa do engarrafamento e da sede. Não seria melhor ficar em casa e não fazer nada? Como não fazer nada? Sempre temos algo a fazer. Eis a ideologia, em que lazer e descanso não têm uma coisa a ver com a outra. Lazer sempre deveria ser para o descanso. Não?

## Celebre. Deus celebra

Envolvido com o trabalho e mesmo com o descanso, esquecemos de celebrar o Deus que nos ensina a trabalhar e a descansar. Por isso, ele nos recorda, porque conhece nossa tendência: *Lembra-te do dia de sábado, para o santificar.*

O trabalho é para ser celebrado.

O descanso é para ser celebrado.

Quando celebramos, nós nos elevamos da nossa humanidade. Deixamos no chão nossa onipotência e reconhecemos que o que somos e temos vem de Deus. Louvado seja!

O ideal é que cada um faça da vida uma celebração. Quando celebramos a Deus, tornamos santo o sábado e fazemos santa a vida.

O sábado (domingo, na experiência cristã) não pode perder o sentido. Não é dia de parar, porque é dia de correr.

Não é dia de refletir, porque é dia de consumir. Muitos deixam para fazer compras no domingo.

Para celebrar o sábado, algumas disposições, entre tantas outras, podem acompanhá-lo.

## 1. Celebre seu aniversário.

Se conseguir, não trabalhe nesse dia. Muitas empresas liberam seus funcionários nesse dia. Se a sua não faz isso, faça uma festa lá. Faça outra em casa.

Essa é uma questão difícil para muitas pessoas. Há adultos hoje cuja infância não teve bolos nem salgados, porque não havia festas em seus aniversários. Esse padrão familiar pode ser alterado. Festeje mais um ano de vida. Você não sabe se fará outro.

## 2. Agradeça pelo alimento, que veio do trabalho, que veio de Deus.

A gratidão pelo alimento significa gratidão pela vida.

A gratidão:

- Vasculariza nossas artérias. A reclamação é tóxica. Agradecer é tão bom quanto perdoar. A gratidão deixa o rosto bonito.
- Fortalece nossa vida, porque nos faz lembrar das vitórias anteriores, do que nos anima nas lutas de hoje.
- Torna-nos humildes, não arrogantes. Torna-nos mais relacionais e menos autossuficientes. Precisamos uns dos outros. Por isso, as próprias organizações (empresas) deviam buscar desenvolver a espiritualidade da gratidão, para serem sempre grandes.
- Perfuma nosso ambiente de trabalho. É como receber rosas.
- Mostra nossa disposição em viver como Jesus viveu. E Jesus não só ensinou que devemos ser gratos, como ele mesmo viveu esse ensino quando ofereceu sua própria vida no nosso lugar na cruz, no evento mais importante da História, para que pudéssemos ter paz.

## 3. Culture comunitariamente.

Um domingo na igreja é uma forma de fortalecimento mútuo.

Quando cultuamos juntos, estamos dizendo que as pessoas importam para nós. E nós importamos para elas.

## 4. Pare de reclamar.

A reclamação é um pecado tão grave quanto a idolatria. Reclamar vem da nossa natureza ansiosa.

Não é ruim querer mais. O ruim é achar que o ter mais nos fará felizes.

Quando agradecemos, reconhecemos quem é Deus e o que pode fazer. A gratidão não nos deixa desesperar. A gratidão é uma espécie de banco da memória. Estamos em dificuldade? Consultemos nossa memória. Deus agiu ontem: seu braço está curto hoje.

Reclamar é um estilo de vida. Agradecer também. Reclamar ou agradecer é uma decisão pessoal. A maioria de nós, admitindo que a minoria tem vida pantanosa, tem mais tempo no topo do que no vale. A maioria de nós, feitas as contas certas, tem mais motivos para agradecer do que para reclamar.

Devemos agradecer primeiramente a Deus, depois àqueles a quem ele usou para nos abençoar.

## 5. Celebre o trabalho dos outros.

Elogie quem atende você.

Quando viajo ao interior de São Paulo, almoço num restaurante simples e com comida deliciosa.

Sempre agradeço às cozinheiras. Um dia desses, coloquei o rosto à porta e falei: "Vocês sabem quem foi o rei Midas? Tudo em que ele punha a mão virava ouro. Vocês são como o rei Midas: tudo em que vocês põem as mãos fica gostoso".

Pensando nas pessoas que o servem, procure servir bem. Faça tudo com capricho. Faça do seu trabalho um meio pelo qual você abençoa outras pessoas, ou melhor, o meio pelo qual Deus as abençoa através de você.

## 6. Torne o domingo um dia especial.

1. Faça do domingo um dia diferente dos demais. Se, por exemplo, você vê televisão todos os dias, no domingo veja pouco ou nada.
2. Não faça do domingo um dia de trabalho, a menos que você não tenha opção.
3. Faça do domingo um dia de descanso para todos da casa, inclusive para quem prepara os alimentos.
4. Não faça do domingo um dia de compras.
5. Faça do domingo o dia do encontro com os amigos para os quais você tem pouco tempo durante a semana.
6. Não faça no domingo as coisas com correria; você já voa todos os dias. Coma devagar. Arrume-se devagar.
7. Faça do domingo um dia de autoavaliação, para ter uma semana melhor, mais santa e mais sábia.
8. Não faça do domingo o dia do "eu", como todos os outros, mas o dia do "nós"; o dia do encontro, o dia da festa.
9. Faça do domingo o dia em que o culto comunitário seja a sua principal atividade.
10. Não faça do domingo um dia para pedir, mas para agradecer, invertendo a rotina dos demais dias.
11. Faça do domingo o dia da Bíblia.
12. Faça do domingo, pelo menos do domingo, um dia santo, porque também é um dia que não pensa nem fala mal de ninguém.

## 7. Deixe o trabalho no trabalho.

É comum os trabalhadores, sobretudo os que estão na parte mais alta da escala das responsabilidades, levar trabalho para casa. Na verdade, com a intensidade da nossa conexão digital, nosso dia de trabalho é o dia todo.

OS DEZ MANDAMENTOS

Embora possa haver algum momento de crise, devemos deixar o trabalho em casa, a menos que trabalhemos nela. Mesmo quem trabalha em casa precisa fechar a sala do escritório e assentar-se na sala de estar fora do expediente.

O sábio mandamento do descanso nos diz para separar as esferas do trabalho e do descanso, dando ao descanso o seu tempo, tempo inclusive para que as energias sejam renovadas, para que trabalhemos melhor.

Relaxe.

## 8. Tire férias.

É excelente a legislação brasileira quando estabelece trinta dias de descanso para doze meses de trabalho.

No entanto, por se acharem insubstituíveis ou por precisarem de mais dinheiro, muitos profissionais não tiram férias ou vendem parte delas.

Desligue-se.

Eu me lembro das férias que tirei depois de um longo período. Trabalhava numa organização humanitária internacional, que me exigia um ritmo acelerado, com muitas viagens. Depois de três anos com falsas férias, precisei tirar umas de verdade.

Fui com a minha família para a casa dos meus pais, que não tinha telefone. Então, eu ia para o telefone público na rua (na época, chamado "orelhão") para ver como iam as coisas na organização. Precisei perceber o meu erro. Ainda assim precisei de uns dez dias para me desligar e entrar realmente em férias. A partir daquela experiência, passei a tirar férias todos os anos. Eu trabalhava muito melhor nos onze meses seguintes.

## 9. Faça um retiro espiritual.

Com o tempo, nossa vida vai ficando intoxicada. O ritmo fica acelerado demais. Acabamos centrando tudo em nós mesmos, acreditando demais em nós mesmos. Chegamos até a incorporar um estilo de vida que não era o nosso. Ficamos agitados.

Precisamos parar.

Para parar, temos que sair de onde estamos, sair de nós mesmos, sair do nosso jeito.

Um bom recurso é participar de um retiro espiritual, no qual não comandamos, mas somos comandados. Ali ouvimos ideias diferentes, somos confrontados, somos elevados. Ali somos desafiados a viver valores maiores.

Um retiro espiritual é uma oportunidade para nos encontrarmos com nós mesmos, coisa para a qual raramente temos tempo. Um retiro espiritual é para nos reconectarmos com o nosso criador.

Num retiro espiritual, andamos mais devagar.

Num retiro espiritual, aprendemos a ser gratos.

Num retiro espiritual, recebemos o pacote da esperança.

Num retiro espiritual, deixamos Deus ser Deus e nos recolhemos.

## 10. Medite todos os dias.

O jogo pode ser pesado. Quanto mais pesado, mais descanso demanda.

Precisamos de alguns minutos para nós mesmos. Precisamos de, pelo menos, dez minutos de meditação.

Meditar é ponderar, na busca do melhor caminho para chegar a um lugar.

## OS DEZ MANDAMENTOS

Uma boa prática é separar dez minutos. Eis um roteiro, se já não o tem:

- Encontre um horário para separar dez minutos para meditar.
- Encontre um lugar para refletir, sozinho, em dupla ou mesmo em grupo.
- Comece com uma oração, agradecendo a Deus por sua vida.
- Leia um texto pequeno (algo como um parágrafo), extraído da Bíblia ou de um bom livro. Pense no que ele diz. Aplique-o à sua vida.[9]
- Fique em silêncio por alguns minutos.
- Se for possível, cante, toque um instrumento, ouça uma música, que traga calma.
- Relaxe.
- Ore, agradecendo.
- Levante-se e retome, leve, a sua vida.

---

### HORA DE PRATICAR

Você é daqueles que dizem "Meu nome é trabalho e meu sobrenome, hora extra"?

Então, considere as seguintes atitudes, para que se tornem hábitos de vida:

1. Responda com sinceridade: "Que lugar ocupa o trabalho na sua vida?"

---

[9] Se desejar, baixe o aplicativo "Minha jornada", preparado por mim.

2. Confesse, se for o caso, que se tornou um ergóla-
tra (adorador do trabalho).

3. Ore a Deus para que ele realmente ocupe o primeiro lugar, não apenas no nível do discurso.

4. Reflita sobre o lugar que o trabalho ocupa na sociedade. Ouça o que disse uma jovem senhora
(Jacqueline): "Eu até tento descansar, mas parece que descansar hoje é ruim, temos que estar
sempre fazendo algo ou estaremos à toa".

5. Decida que vai equilibrar trabalho e descanso, à
moda de Deus, que trabalhou seis dias e descansou um. Viva de modo equilibrado, trabalhando
duro e descansando sempre.

6. Empenhe-se para que a cultura da competição
e da acumulação não tome conta da sua vida. A
vida é mais do que isso.

# 5

# Ouça os mais velhos

*Honra teu pai e tua mãe, para que se prolonguem os teus dias na terra que o Senhor, teu Deus, te dá.*

Êxodo 20.12

"O ancião merece respeito não pelos cabelos brancos ou pela idade, mas pelas tarefas e empenhos, trabalhos e suores do caminho já percorrido na vida."

Yaacov ben Shimon

A Bíblia nutre respeito igual por todas as faixas etárias. Um dos provérbios celebra: "A beleza dos jovens está na sua força; a glória dos idosos, nos seus cabelos brancos" (Pv 20.29, NVI).

A Bíblia reconhece o papel dos mais velhos na condução da vida nacional, familiar e individual: "Ouça, meu filho, a instrução de seu pai e não despreze o ensino de sua mãe. Eles serão um enfeite para a sua cabeça, um adorno para o seu pescoço" (Pv 1.8,9); "Ouça o seu pai, que o gerou; não despreze sua mãe quando ela envelhecer" (Pv 23.22, NVI).

Todas essas instruções estão sintetizadas nos Dez Mandamentos, especialmente quando orientam: *Honra teu pai e tua mãe, a fim de que tenhas vida longa na terra que o Senhor, o teu Deus, te dá* (Êx 20.12, NVI). Todos nós temos débitos com nossos pais. Mesmo que avaliemos que não tenham sido bons em sua paternidade, ainda assim lhes devemos. Vieram para nos ajudar a olhar para Deus como Pai. Se fracassaram, podemos agradecer seu exemplo negativo, para não sermos iguais a eles. Quando honramos nossos pais, cuidamos deles, de sua saúde em vida ou de sua memória. A honra ao pai e à mãe é um chamado à gratidão, mas é também um convite à sabedoria. Quem honra seus pais é sábio. Quando honramos nossos pais, vivemos de tal maneira que a nossa vida cresce em qualidade. Quando os desonramos, não os cuidando como merecem, podemos até poupar tempo e dinheiro, mas perdemos a nossa dignidade.

Shirlei, uma amiga, conta sua história de cuidado:

> Meu pai teve insuficiência cardíaca aguda, sendo submetido a cirurgia para colocação do marcapasso. Minha mãe ficou com ele no hospital, até ser diagnosticada com câncer. Nós, filhos, fizemos tudo que tínhamos que fazer no intuito de vê-la curada. Ela sempre pedia: "Cuidem do seu pai na minha ausência". Meu pai ficou alguns anos morando sozinho por opção dele. E alguns anos após o falecimento dela, meu pai quebrou o fêmur. Hoje luto pra manter meu pai bem cuidado, conforme o pedido da minha mãe. Aluguei uma casa na minha rua para ele ficar perto de mim e poder dar toda a assistência necessária. Agora, está na minha casa. Meus pais fizeram o possível e o impossível para nos dar o melhor. Agora é a nossa vez de retribuir todos os anos que cuidaram de nós.

## 94 OS DEZ MANDAMENTOS

Quando honramos nossos pais, aprendemos com eles. Vendo como faziam, podemos fazer igual ou melhor. Quando honramos nossos pais, escutamos sobre sua vida, o que nos dá uma história. Não começamos hoje. Nossa vida vem de longe, nos erros e nos acertos. Quando honramos nossos pais, imaginamos como eles fariam. Se estiverem vivos, podemos perguntar-lhes. Se não, podemos nos lembrar dos princípios que nos deixaram. Muitas vezes, nossa honra alcança os nossos avós. A história de Martha, uma jovem senhora carioca, é a de muitos, centrada no convívio e na observação:

> Eu aprendi a meditar na Palavra com meu avô Carlos e aprendi com ele alguns hinos do *Cantor cristão*. Todos os dias pela manhã, ele acordava cedo e ia para sua pequena escrivaninha. A luz do quarto ficava apagada. Ele só acendia a luz da pequena escrivaninha. Eu saía da sala por diversas vezes e ia observá-lo ler a Bíblia. Ele lia uma Bíblia grande e a marcava com lápis vermelho. Após orar, ele andava pelo quintal louvando o Senhor. Meu avô é um homem segundo o coração de Deus. Ele me ensinou a amar a Palavra de Deus, a cantar hinos, a marcar minha Bíblia e a fazer anotações (Martha Evangelista).

Honrar os pais não pode se converter em idolatria, o tema central dos Dez Mandamentos. Na verdade, cada mandamento é contra a idolatria, porque a idolatria nos despersonaliza. É o relacionamento com Deus que nos dignifica. Quem teve (ou tem) pais notáveis corre o risco de "pedestalizá-los". Quem tem (ou teve) pais indignos corre o risco de imortalizar a amargura. Honrar os pais é prestar atenção no que dizem. Se o que dizem não está correto, o filho não é o juiz, mas a Palavra de Deus. É à luz dessa Palavra que os pais devem ser julgados; os filhos também. E essa sublime Palavra nos recomenda que, se erraram conosco, devemos perdoar incondicional e unilateralmente. O quinto mandamento não impõe condições prévias para a honra. Se há obstáculos ao exercício da honra, devem ser removidos por meio do perdão, mesmo que eles não o peçam.

Quando os gestos dos pais nos deixaram traumas, precisamos ter maturidade para lidar com o problema, sob pena de ficarmos mutilados pelo resto da vida. Não se trata de perdoar pelo esquecimento. Miroslav Volf propõe que interrompamos o ciclo destrutivo das lembranças dolorosas. Ele não tem em mente as dores que, por vezes, emergem do convívio ou não convívio entre pais e filhos. O caso dele foi diferente: por ter uma esposa norte-americana, foi interrogado e ameaçado durante meses por uma equipe de militares da antiga Iugoslávia; eles queriam incriminá-lo por crimes que não cometera. Quando finalmente se viu livre, acabou tendo suas memórias povoadas pelo horror do medo.

Sua reflexão aplica-se a todo tipo de ódio (não importa que seja etiquetado como indiferença), inclusive aquele que leva filhos a não honrarem pais cruéis. Com base em sua experiência com o regime comunista, Volf concluiu que "o mal precisa não de uma, mas de duas vitórias. A primeira acontece quando um ato de maldade é perpetrado; a segunda, quando a maldade

96 OS DEZ MANDAMENTOS

é retribuída".[1] Ele decidiu seguir o ensino e o exemplo de Jesus Cristo em relação a seus agressores. Em lugar de pretender esquecer as injustiças cometidas contra nós, ele sugere que devemos desejar que o trauma não venha à mente. "Aprender a lembrar bem é uma chave para a redenção. E a própria redenção do passado está inserida numa história mais ampla, que é a restauração integral divina de nosso mundo falido, restauração essa que inclui o passado, o presente o futuro."[2] Ele está certo em dizer que "não podemos experimentar uma cura interior completa de uma maldade sofrida sem 'curar' o relacionamento com o malfeitor". Afinal, se foi no relacionamento que fomos feridos, é "a reconciliação com o malfeitor que completa a cura da pessoa que sofreu a injustiça".[3]

Sua proposta é clara: "Nunca se deveria exigir daqueles que sofreram injustiças que esqueçam e sigam em frente. Esse conselho impossível seria também um conselho errado. O esquecer injustiças deve acontecer como consequência da dádiva de um novo mundo".[4] O ideal é que cada injustiça sofrida seja "exposta em todo o seu horror, seus perpetradores condenados e os arrependimentos transformados, e as vítimas honradas e curadas". Depois, "nossa mente será arrebatada na bondade de Deus, na bondade do mundo novo de Deus, e as memórias de injustiça irão secando como plantas sem água".[5]

---

[1] VOLF, Miroslav. *O fim da memória*. Trad. Almiro Pisetta. São Paulo: Mundo Cristão, 2009, p. 20.
[2] Ibid., p. 51.
[3] Ibid., p. 89.
[4] Ibid., p. 145.
[5] Ibid., p. 203.

O caminho seguido e sugerido por Miroslav Volf pode ajudar aquele cuja alma foi ferida por estranhos ou familiares, sobretudo por pais. Depois do perdão, a honra aos pais poderá vir. Sem perdão, não há reconciliação; sem reconciliação, não há honra.

Filhos, honrem os seus pais agora.

Pais, o que vocês fazem é para sempre. Você é exemplo. Seja um bom exemplo. Quando falhar, tornando-se um mau exemplo, uma lembrança que apavore, peça perdão ao seu filho. Ele o perdoará.

## A arte de continuar a história

Nós somos a continuidade dos nossos pais. A história deles continua na nossa.

A história que escrevemos tem capítulos que vêm de livros anteriores.

Os pais são parte da grande história da nossa vida.

Nossos avós são parte da grande história da nossa vida.

Quando os ouvimos, conhecemos a nossa própria história até os dias de hoje. O presente que escrevemos e o futuro que escreveremos, por mais diferentes que sejam, têm suas raízes fincadas no chão da história que viveram os que chegaram antes de nós, aos quais estamos ligados por laços de sangue para sempre.

A honra aos pais (ou ancestrais) é uma seção da honra aos mais velhos, estejam eles em casa, na escola, no meio de transporte, na igreja, na área de lazer ou estejam na empresa em que atuamos. Quem respeita os pais, respeita os mais velhos. Quem ouve seus pais, ouve os mais velhos que o cercam.

## 98 OS DEZ MANDAMENTOS

Ouvir os mais velhos é também uma questão de honra, gratidão e sabedoria.

Quanto à honra, precisamos nos lembrar de que o mundo em que vivemos nos está sendo legado pelos que vieram antes de nós. A empresa em que trabalhamos foi construída por homens e mulheres que deixaram um legado. Se achamos que poderiam ter feito melhor, antes de julgá-los com severidade devemos estudar as condições que lhes foram dadas, para vermos se fizeram o que podia ser feito.

Quanto à gratidão, um jovem pai refletiu: "Esta atitude de 'aluno' para com os mais experientes, em especial para com os pais, tem a ver com gratidão por tudo o que fizeram por nós, como filhos. Sei — e já falei com os meus pais sobre isso — que acertaram e erraram, mas sempre com a intenção de fazer o melhor por mim" (Clístenes).

Quanto à sabedoria, precisamos conhecer a história da nossa família, organização ou empresa, sabendo os nomes dos que escreveram a história que vamos continuar.

Os filhos sábios sabem que seus pais são sábios, como foi o caso de um filho que se lembra do conselho que sua mãe lhe deu quando adolescente:

Com 14 anos de idade e trabalhando no escritório de uma indústria, recebi um conselho da minha progenitora, mais ou menos nos seguintes termos:

"Filho meu. Como você bem sabe, vivemos de uma abençoada pensão deixada por seu pai, o que nos possibilitou viver honradamente até o dia de hoje. Agora que você já está bem adiantado nos seus estudos, resolvi dar-lhe um conselho que, penso, será de grande valor para sua vida futura. Estude bem (pois é muito difícil) para se tornar funcionário do Banco do Brasil, como foi seu pai. Não possuo condições financeiras para financiar seus estudos em faculdades e, muito menos, para adquirir os livros".

A sugestão da minha mãe se tornou o alvo da minha vida de estudante. Estudei com afinco. Como resultado do esforço despendido e ajuda divina, logrei alcançar o alvo desejado por minha mãe; fui aprovado no primeiro concurso que fiz para o Banco do Brasil e depois continuei minha carreira como funcionário do Banco Central, logo no início de sua fundação, até minha aposentadoria (Paulo Barros).

Tanto na honra quanto na sabedoria, podemos falhar. Podemos descartar os velhos porque não produzem como produziam. Podemos ignorar os velhos, por arrogância e presunção, como se fôssemos melhores que eles.

Podemos, ao contrário, nos alimentar com os conhecimentos que os nossos antecessores acumularam, alguns transmitidos de geração em geração.

Uma jovem mãe lembra do que aprendeu com seu avô: "Com meu avô materno aprendi a ser forte e otimista mesmo quando tudo parece perdido" (Letícia).

Um homem experimentado recorda: "Aprendi do meu pai que o caráter de um homem é que o faz pronto e o molda para enfrentar a vida. Aprendi da minha mãe que existe algo mais em cada um de nós quando se pretende erguer uma família: amor incondicional" (Humberto).

Os bons profissionais sabem valorizar bem a experiência dos que vieram antes.

Durante alguns anos, trabalhei como diretor setorial de uma organização humanitária internacional. Uns quinze anos depois da minha saída, recebi um telefonema. Após as apresentações, notei que o profissional que me ligava ocupava a mesma função em que eu atuara, com um foco semelhante ao meu.

Eu disse isso a ele. Falei das dificuldades que enfrentara e como conseguimos avançar. Ele foi simpático, mas nunca mais fez contato.

Em outras palavras, quando aquele profissional entrou na organização, ele não se interessou em conhecer a história da organização nem mesmo de seu setor. Se visse o que eu fizera, sobretudo os meus erros, ganharia tempo e economizaria o dinheiro da sua empresa. Preferiu não ouvir os mais velhos.

Em outro momento posterior, eu estava no camarim da TV Globo, para uma entrevista de um programa matinal. Éramos dois no mesmo espaço. O outro era o jornalista e historiador Nelson Motta, rosto muito conhecido, com colunas em televisão e livros publicados em sua área. Eu era desconhecido. Quando a produtora entrou para chamá-lo, perguntou:

— Quem é Nelson Motta?

— Sou eu — respondeu.

Antes de ele sair, comentei:

— Uma pessoa da televisão não saber quem é Nelson Motta é inadmissível.

Ele reagiu:

— São assim os jovens. Eles não se interessam.

Parte das atitudes desses profissionais vem da rejeição à tradição, vista como necessariamente impeditiva às mudanças necessárias. A tradição é, sabemos, uma força poderosa. Pessoas presas à tradição não saem de

OUÇA OS MAIS VELHOS 101

um passado mais imaginário do que real. Empresas ou organizações que idolatram a tradição simplesmente morrem; trata-se de uma questão de tempo. Qualquer grupo que promove uma partida de futebol sabe disso. Um time precisa mesclar a experiência dos mais velhos com o ímpeto dos mais jovens. Um jogo de casados contra solteiros é, muitas vezes, vencido pelos casados. Os mais jovens driblam mais, atacam mais, chegam mais perto do gol adversário, mas nem sempre ganham. Os casados correm menos, driblam menos, atacam menos e, muitas vezes, ganham. A diferença responde pelo nome de maturidade, que torna os mais velhos menos afoitos e menos afobados. Eles correm menos porque fazem a bola correr mais. Eles aprenderam que não é dos fortes e velozes a vitória, mas dos que correm melhor.

A tradição é um dos fatores de sucesso, mas tem que ser conjugada com a renovação. A tradição exige conhecimento. A renovação precisa de coragem. A tradição pode ser uma fuga aos desafios do presente. A tradição pode ser filha da preguiça, se não trabalhar duro para que o progresso aconteça. A tradição, para ser mantida, precisa ser renovada.

"Sempre fizemos assim" é uma frase que não deve existir na vida de uma família ou organização. Se uma empresa entrega um produto, bonito e bom, que ninguém quer receber, essa empresa vai quebrar. Não adianta dizer que quem rejeita o produto está errado; a empresa que não mudar não sobreviverá.

O apego à tradição, mesmo vitoriosa, é a permanência numa zona de conforto geralmente perigosa. Nesses casos, "as pessoas que estão no comando do antigo

OS DEZ MANDAMENTOS

sistema não percebem a mudança. Quando percebem, deduzem que não é importante. Então percebem que é um nicho e, depois, uma moda. E, quando finalmente compreendem que o mundo realmente mudou, já deixaram passar grande parte do tempo que tinham para se adaptar".[6]

A tradição, portanto, não é para ser idolatrada. Ela é um dos componentes da vida, e a mudança é outro.

## Um pedido aos velhos

O cineasta egípcio Ahmed Maher participou ativamente do movimento que culminou com a inimaginável queda de Hosni Mubarak.

Perguntado sobre que conselho daria aos jovens insatisfeitos de outros países, ele sugeriu: "Meu principal conselho: não deem ouvidos aos mais velhos. Eles dirão que é impossível".[7]

Maher não precisa estar com a razão.

"Velho" não se define pela idade, mas pela visão da vida, não importa se o corpo pesa.

"Velho" também se define pela atitude diante dos jovens. Se tudo o que eles fazem está errado, você é "velho".

Se você estimula os jovens, mesmo que fique em casa, não será chamado de "velho" por eles.

Se sonha junto, mesmo que a maturidade o torne menos confiante, você é irmão dos irmãos, não importa a data em que lhe foi emitida a certidão de nascimento.

---

[6] SHIRK, Clay, citado por GOLEMAN, Daniel. *Foco*. Trad. Cassia Zanon. Rio de Janeiro: Objetiva, 2013, edição eletrônica, posição 3487.

[7] NINIO, Marcelo. Revolucionário virtual. Disponível em <http://www1. folha.uol.com.br/fsp/mundo/ft2202201110.htm>

Se você protesta junto, escreve junto a história da mudança.

Tudo o que é realizado hoje era impossível ontem.

Quando encontramos um velhinho no banco pedindo ajuda para operar o caixa eletrônico, talvez meneemos a cabeça com o desejo de dizer: "Atualize-se, velho".

Sem dúvida alguma, todos precisamos estar sempre atualizados para nos beneficiar dos recursos que a tecnologia da informação nos proporciona. Pagar as contas sem sair de casa, comprar uma passagem pela internet, conversar com pessoas queridas distantes sem pagar pela ligação e vendo o rosto delas, manter numa pasta digital todos os seus documentos e ler seus livros (eletrônicos) em qualquer lugar sem ter que carregá-los são benefícios que compensam todo o esforço da atualização.

"Atualize-se, velho."

Contudo, velho, não se atualize nas questões essenciais da vida, que transcendem os penduricalhos que tornam a vida mais fácil, mas não necessariamente melhor.

Velho, não se atualize concordando que o errado é certo, porque o errado é errado, e o certo não é errado, e isso não é uma questão de gerações.

Velho, não se atualize mudando o seu ritmo porque lhe pedem ou para se ajustar a uma velocidade frenética sem qualidade de vida, sem lugar para observar a natureza, sem tempo para prestar atenção no outro.

Velho, não se atualize seguindo a moda dos mais jovens, numa imitação que o torne ridículo aos olhos deles.

Velho, não se atualize preferindo que os seus dias agora sejam chamados de "terceira idade", se é que você prefere a velhice.

## OS DEZ MANDAMENTOS

Velho, não se atualize abrindo mão de seus valores, negando sua experiência, jogando fora seus sonhos. Afinal, o novo não é necessariamente o melhor, o forte não é sempre moderno, o "que todo mundo faz" não está sempre certo.

Velho, a sociedade precisa do velho como é velho, velho empenhado em ajudar a construir um mundo novo.

Velho, não reclame por estar velho. Trata-se de um privilégio negado a muitos.

### Um apelo aos jovens

Os velhos precisam ser ouvidos.

Sabemos que nossa cultura trata mal seus velhos. Se é verdade que há muitas leis, boas por sinal, para os proteger, ainda assim são vistos como peso, não como sábios. A maioria das empresas os dispensa quando estão no auge de sua capacidade produtiva.

No entanto, eles guardam verdadeiros tesouros que podem ser revelados aos mais jovens.

Um bom princípio na tomada de decisões é escutar os mais velhos. Pode ser que não tenham a mesma instrução escolar que nós, mas têm a formação da vida.

A sabedoria é o verdadeiro diploma. Afinal, com quantos cursos se faz um sábio?

Um caso real nos ajuda a ver o valor dos mais velhos.

Um profissional de meia-idade, doutor em Filosofia, teve de tomar uma decisão que tinha a ver com assumir uma função numa organização de ensino. Sem saber como proceder, ele reuniu uma coleção de amigos numa sala e pediu a opinião de todos, um a um.

Todos ofereceram sábios conselhos.

O mais sábio veio de um amigo que estivera em silêncio todo o tempo, talvez receoso de falar diante do currículo dos outros conselheiros convocados.

Na verdade, nessa época ele estava aposentado como porteiro de um prédio próximo. Ele tinha vários prazeres, como recitar de cor longos poemas e participar das reuniões dos jovens que os mais velhos tendem a achar barulhentas.

Quando ele falou, proferiu o conselho mais sábio, prontamente acatado pelo profissional.

Não podemos desprezar o conhecimento da experiência, guardado na memória dos mais velhos. Nossos pais estão entre essas pessoas. Os jovens que ouvem seus pais erram menos.

Assim, diante de uma decisão a ser tomada, seremos sábios se procurarmos pessoas mais experientes, apresentarmos nossos dilemas e ouvirmos seu conselho.

Alguns já tiveram os dilemas que tivemos. Eles vão nos dizer em que acertaram e em que erraram. Os demais terão a vantagem de não precisar errar também.

Filhos, honrem seus pais agora, enquanto é tempo. Ouçam-nos.

Netos, honrem seus avós agora, enquanto eles estão ao seu lado. Façam que lhes contem suas histórias.

Profissionais, honrem seus superiores. Ouçam-nos. Ouçam os colegas que chegaram primeiro. Conheçam a cultura da empresa, para preservá-la no que tem de bom, para mudá-la no que ofusca o presente e obscurece o futuro.

Não devemos idealizar os velhos, achando que sempre pensam corretamente e agem de modo justo.

Devemos honrar, mas não ouvir os velhos rabugentos, que reclamam de tudo e de todos, sem sólida razão.

Devemos respeitar, mas não seguir os velhos apegados a tradições, boas ou ruins (sim, há tradições ruins a serem abandonadas), como se fossem dignas e imutáveis.

Devemos considerar, mas não repetir os velhos que se tornaram (ou sempre foram, talvez) amargos, prontos para exagerar os erros dos outros e minimizar os seus. Acham-se sábios sem o serem.

Devemos nos relacionar, mas não imitar os velhos mesquinhos, que não querem compartilhar suas experiências e seus conhecimentos.

Lembro-me de que, recém-chegado a uma universidade, propus em um dos programas preparar um manual para os mestrandos e doutorandos que lhes facilitasse seus trabalhos finais, com orientações que lhes permitissem perceber melhor os erros mais comuns e seguir mais rápido e melhor a conclusão de sua formação, com a entrega da tese ou dissertação. Um dos professores-líderes da casa rejeitou minha ideia, com as seguintes palavras: "Quando fiz meu doutorado, ninguém facilitou as coisas para mim. Eu me virei. Cada um que se vire".

Felizmente, outros professores concordaram com a minha sugestão.

Sem idealizá-los, devemos honrar os velhos, todos os velhos.

Devemos honrar e ouvir os velhos que têm sonhos, para si mesmos, sua família, sua organização, sua empresa. Têm muito a nos dizer e dirão, se os ouvirmos.

Devemos honrar e observar como os velhos falam e trabalham. Com eles, aprendemos até o bom uso da língua. Com eles, aprendemos ofícios e dominamos habilidades que podem se tornar nossas profissões.

Devemos honrar e crescer com os velhos, no modo como se relacionam com o tempo. Eles já aprenderam que o mundo não vai acabar hoje e que algumas coisas podem esperar. Aprendi muito com David Malta Nascimento, meu chefe como reitor do Seminário Teológico Batista do Sul do Brasil, no Rio de Janeiro. Muitas vezes, eu chegava a seu gabinete com um papel e um problema:

— Pastor David, temos que resolver isso hoje.

Ele pegava o papel e guardava o problema na gaveta.

— Amanhã, vemos isso.

Eu saía surpreso e, às vezes, não voltava no dia seguinte, porque o problema tinha desaparecido.

Com os velhos sábios, podemos aprender a não perder tempo com o que não vale a pena.

Devemos honrar e aprender com os velhos a como controlar nosso ímpeto, sem perder a coragem. Eles sabem, por experiência, que as paixões passam, sejam ideológicas ou afetivas, porque só persiste mesmo o amor.

Devemos honrar e respeitar os mais velhos, quando eles mesmos são mestres na arte de respeitar os outros, de acolher os diferentes, de valorizar as coisas realmente importantes.

Devemos honrar e admirar os velhos, sobretudo aqueles que nos mostram como seus sonhos foram realizados, para que aprendamos a realizar os nossos, nunca trafegando pela avenida do fácil, porque a Avenida Fácil é sem saída.

Devemos honrar e beber com os velhos cujas atitudes revelam que o conhecimento é para ser distribuído,

## 108 OS DEZ MANDAMENTOS

o dinheiro é para promover o bem e o tempo é para ser compartilhado.

Em termos programáticos, eis um caminho de obediência ao mandamento da honra:

1. Ouça os mais velhos, e você errará menos. Ouça os mais velhos, e você aprenderá com os erros deles. Errar como eles erraram é errar de novo. Erra de novo quem não aprende a lição.

2. Ouça os mais velhos para fazer igual. Imite-os no que fizeram de bom, na coragem que tiveram, na ousadia que mostraram, na metodologia que inventaram.

3. Ouça os mais velhos para fazer diferente. Talvez os gestos dos mais velhos seja um antimanual, uma aula sobre que não fazer. Não siga pisadas que estão ali apenas para o lembrá-lo de que seu itinerário deve ser outro.

4. Ouça os maios velhos para ir além. Se você for tão bem quanto seus pais ou antecessores, excelente. E talvez você possa ir além deles, que será também muito bom.

5. Escute o mais velho quando diz "vai" ou quando grita "pare", quando aprova com um "sim" ou quando segura com um "agora não", quando sugere que "está na hora" ou quando recomenda "deixe para depois". Ouça com pressa e avalie sem pressa. Depois decida. Se você está seguro de que o conselho é bom, siga. Se estiver certo de que o conselho não é bom, discuta. Se estiver em dúvida, siga-o.

6. Quando for escolher a profissão, escute seus pais, procure profissionais experientes e assente a seus pés. Se eles forem otimistas, acredite. Se forem pessimistas,

OUÇA OS MAIS VELHOS 109

reflita. Lembre-se de que eles fizeram o caminho que você ainda vai fazer. Seja humilde diante deles. Aprenda: não queira ensiná-los.

7. Cresça com os bons autores e seus livros, como estes, entre outros:[8]

- *O peregrino* (1678), de John Bunyan.
- *Os irmãos Karamazov* (1880), de Fiodor M. Dostoievski.
- *Resistência e submissão* (1945), de Dietrich Bonhoeffer.
- *O homem à procura de si mesmo* (1953), de Rollo May.
- *Ouça o espírito, ouça o mundo* (1975), de John Stott.
- *Celebração da disciplina* (1978), de Richard Foster.
- *A volta do filho pródigo* (1992), de Henri Nouwen.
- *O impostor que vive em mim* (1994), de Brennan Manning.
- *Transpondo muralhas* (1997), de Eugene Peterson.
- *Maravilhosa graça* (1997), de Philip Yancey.

8. Entre ensinar e aprender, escolha aprender. Quando encontrar um velho que queira ensinar, ponha-se a aprender. Seja maleável.

9. Valorize seus pais. Valorize quem veio antes de você. Valorize seu colega mais velho no trabalho. Valorize seu chefe.

10. Escolha referências para seguir. Não se envergonhe de admirar pessoas. Se você é jovem, seus colegas são colegas, não referências. Referência é quem inspira. Siga seus pais. Siga pessoas maduras. Siga pessoas que já tiveram seus sonhos e que já enfrentaram obstáculos como você.

---

[8] As datas se referem às edições originais.

110 OS DEZ MANDAMENTOS

## HORA DE PRATICAR

Responda às seguintes perguntas, para aferir seu grau de vivência ao quinto mandamento:

1. Você se aproxima dos velhos para escutar suas histórias? Qual foi a última vez em que parou para ouvir um idoso contar suas experiências?
2. Você se considera paciente para passar tempo com os mais velhos? Lembra-se de como foi a experiência: agradável?
3. Você pede a Deus sabedoria para aprender com quem sabe? Ou você se aceita como é, caso seja impaciente?
4. Você já tomou a decisão de cuidar dos seus pais, caso venha a ser esse o caso? Se tem pais idosos, que atenção lhes dá? Se os imagina idosos, como pretende cuidar deles?
5. Que passos tem dado para se relacionar de modo saudavelmente respeitoso com os mais velhos?
6. Você está pronto para seguir os bons conselhos que ouve dos mais experientes, em casa ou no trabalho?

Lembre-se de que sua história não se iniciou quando você começou a entender as coisas ou quando nasceu. Ela começou antes, com seus pais e avós, os quais devem ser ouvidos. Todos os que vieram antes de você, dentro e fora da família, são seus mestres. Deseje aprender com eles. Assente-se aos pés dos que têm algo a lhe dizer, para aprender com seus acertos e mesmo com seus erros. Você pode acertar como eles. Você não precisa errar como eles.

# Ame a vida

*Não matarás.*
Êxodo 20.13

"Embora sejamos passíveis de ímpetos destrutivos de cólera, podemos também reagir de modo racional a quaisquer insultos, problemas ou atos contrários a nós."
Leonard Felder

Equilibrando-me na carroceria de uma caminhonete, seguia para a aldeia dos suruís em Rondônia, quando um inseto cheio de cores voou até o meu braço e, antes que pudesse me fazer mal, assim eu pensava, levantei o outro braço para massacrá-lo com a palma da mão.

Não pude prosseguir. Meu braço foi contido no alto pela mão de um índio, que me perguntou: "Que mal ele lhe fez?"

O suruí me deu uma lição, ao preservar a vida daquele inocente inseto, que pôde continuar voando. Não precisamos matar para viver.

Ele estava levando às melhores consequências o sexto mandamento: *Não matarás* (Êx 20.13), mediante o qual se desenvolveu o respeito pela vida.

## A cultura da guerra

Apesar da instrução divina, a maior parte dos dias da humanidade tem sido de guerras, numa clara desobediência ao mandamento, defendida em nome de deuses, do Estado e das ideias. Ainda hoje, conquanto nos digamos civilizados, vivemos na cultura da guerra, o tempo quando se pode matar e que torna herói quem mata.

É muito emblemático que um livro que fez grande sucesso no mundo dos negócios se chamasse *Marketing de guerra*.[1] Nele, os autores propõem que "a melhor estratégia de defensiva é a sua coragem para atacar", uma vez que "a concorrência é o inimigo, e o objetivo é ganhar a batalha". Eles derivam seus princípios de estratégia militar desenvolvida pelo general Carl Clausewitz (1780-1831), a quem dedicam o livro por considerá-lo "um dos maiores estrategistas de *marketing* que o mundo já conheceu".

É também emblemático que, no cenário evangélico, também tenha feito sucesso um livro cujo título é *Oração de guerra*, no qual Peter Wagner desenvolve as estratégias da batalha espiritual nos mesmos moldes dos princípios militares, como cobertura (vindo daí a atração exercida pelos "apóstolos" modernos, que dão "cobertura espiritual" aos seus liderados...) e ataque ao inimigo no seu território,[2] tomados como ensinados na Bíblia, embora inspirados em metáforas lidas literalmente.

É igualmente emblemático o uso de metáforas para o câncer, segundo as quais há um inimigo (o câncer), um

---

[1] RIES, Al e TROUT, Mark. *Marketing de guerra*. São Paulo: McGraw-Hill, 1986.
[2] WAGNER, Peter. *Oração de guerra*. São Paulo: Bom Pastor, 1996.

AME A VIDA 113

comandante (o médico), um combatente (o paciente), os aliados (a equipe de saúde) e as armas (como a cirurgia e a quimioterapia).[3] Por isso, continua oportuna a crítica de Susan Sontag: "As metáforas relativas às ideias de controle e comando, na realidade, não são tiradas da economia, mas da linguagem militar". Elas estigmatizam a doença.

Todo médico e todo paciente atento estão familiarizados com essa terminologia militar. Assim, as células do câncer não se multiplicam simplesmente; elas são "invasoras". [...] A partir do tumor original, as células do câncer "colonizam" regiões distantes do corpo, estabelecendo primeiro minúsculos postos avançados ("micrometástases") cuja presença é admitida, embora não possam ser detectados. Raramente as "defesas" do corpo são suficientemente vigorosas para obliterar um tumor que estabeleceu sua fonte de suprimento de sangue e consiste em bilhões de células destrutivas. [...] As perspectivas são de que "a invasão do tumor" prossiga ou de que as células defeituosas eventualmente se reagrupem e preparem um novo assalto ao organismo.[4]

Sontag protesta: "a doença não é uma metáfora". Segundo ela, "a maneira mais fidedigna de encarar a doença — e a maneira mais saudável de estar doente

[3] REISFIELD, Gary M. e WILSON, George R. "Use of Metaphor in the Discourse on Cancer". *Journal of Clinical Oncology*, vol. 22, nº 19 (October 1), 2004, p. 4024-4027.
[4] SONTAG, Susan. *A doença como metáfora*. Trad. Márcio Ramalho. Rio de Janeiro: Graal, 1984, p. 42.

114 OS DEZ MANDAMENTOS

— é aquela mais expurgada do pensamento metafórico e mais resistente a ele. Porém, é quase impossível fixar residência no reino dos doentes sem ter sido previamente influenciado pelas metáforas lúgubres com que esse reino foi pintado".[5] Para Sontag, a guerra é metáfora lúgubre para a doença. Há outros problemas com as metáforas para o câncer. A dicotomia entre a vitória e a derrota não corresponde bem ao complexo conjunto de resultados do tratamento. Quando o tratamento falha, muitas vezes se atribui, dentro do quadro da metáfora militar, a responsabilidade ao soldado, isto é, ao paciente. Ademais, não há invasor inimigo estrangeiro, porque as células cancerosas se desenvolvem do próprio corpo; visualizá-lo como um inimigo implicitamente condena o paciente. Como a antiga visão de doença decorrente do pecado interior, o câncer implica alguma falha interna.[6]

Por isso, a obediência ao sexto mandamento começa pela transformação da nossa linguagem para que não seja bélica. Para que precisamos chamar uma pessoa dedicada e determinada de "guerreira"?

### Reverência pela vida

Precisamos valorizar a vida de modo absoluto, sem ressalvas, sem atalhos, sem exceções. Em lugar de diminuir o alcance do mandamento, devemos ampliá-lo, para incluir, como sugere o hebraico, as infelizes ideias de matar alguém ou a si mesmo; quebrar, machucar, esmagar ou

---

[5] Cf. a contracapa de outra edição do livro. SONTAG, Susan. *A doença como metáfora: aids e suas metáforas.* São Paulo: Companhia das Letras, 2007.
[6] REISFIELD, Gary M. e WILSON, George R., op. cit.

AME A VIDA 115

oprimir ou humilhar alguém fisicamente ou verbalmente, ações que acontecem quando a raiva predomina.[7] Amar a vida é uma forma de adorar a Deus, o doador da vida. Quem não ama a vida, a sua e a do outro, não ama a Deus, podemos afirmar (parodiando 1João 4.20). No caso específico da vida humana, ela foi criada à imagem e semelhança de Deus. Cada vida criada agora atualiza o ato criador original de Deus. Cada gesto nosso a favor da vida ou contra ela deve ser visto à luz do primeiro dever humano dado por Deus, que era cultivar e guardar o jardim (o *habitat* do ser humano, que o inclui) em que vivia (Gn 2.15). Cultiva-se a terra. O ser humano é para ser guardado. Como Caim, temos esquecido de guardar os habitantes do jardim. O primeiro homicida não entendeu que era tutor (guardador, preservador, cuidador) de seu irmão (Gn 4.9).

Precisamos guardar a vida contra todo tipo de utilitarismo que justifica a eutanásia quando o ser humano deixa de produzir, como se a dignidade não lhe fosse intrínseca, mas dependesse dos benefícios que pode gerar. Precisamos defender a vida contra todo tipo de desrespeito, inclusive o de justificar egoisticamente o assassinato de um feto com base no desejo de uma mãe.

A vida é sagrada, não num sentido panteísta, mas no sentido de que surgiu pela vontade divina. Nossa tarefa é cuidar dela, não extingui-la. Devemos reverenciar a vida como um capítulo da nossa reverência a Deus, com o cuidado de não igualar a criação ao criador. O médico Albert Schweitzer pode ter exagerado no princípio da

---

[7] Cf. FELDER, Leonard. *Os dez desafios.* São Paulo: Cultrix, 2003, p. 116-117.

## 116 OS DEZ MANDAMENTOS

"reverência pela vida", mas é melhor exagerar na defesa do bem do que relativizar seu valor. Para ele, "a ética nada mais é do que reverência pela vida. A Reverência pela Vida me leva ao meu princípio fundamental de moralidade, vale dizer, que o bem consiste em manter, assistir e melhorar a vida e que destruir, ferir ou limitar a vida é mal". Suas palavras precisam nos tocar, na direção de uma ternura diante dos outros: "Eu sou vida que quer viver no meio da vida que quer viver. Assim como em minha própria vontade de viver há um desejo por mais vida e prazer, com medo da aniquilação e da dor, assim é a vontade de viver ao meu redor." [8]

Um poeta brasileiro canta a vida, com base na vida e no pensamento de Schweitzer, nos seguintes termos:

### REVERÊNCIA PELA VIDA

Tudo o que respira quer ir vivendo,
Seguir viagem pra algum lugar,
Quer atravessar o vazio do espaço,
Dar mais um passo pra continuar.

Tudo o que respira quer ter seus filhos,
Criar sua prole e quem sabe amar.
Levantar seus olhos ao céu aberto
Sob a luz do velho sol cantar
E se encantar.

Temos de aprender que a vida é sagrada
E que todo ser merece atenção
Todo sofrimento espera uma resposta, nossa reação.

---

[8] SCHWEITZER, Albert, "Reverence for life". Disponível em: <http://www.schweitzer.org/2012/en/work-and-life/reverence-for-life>.

Há que se cuidar da pétala que chora
Nunca machucar a abelha e sua flor
Proteger o ninho de um passarinho, q'inda não voou [frágil cantador].

Tudo o que respira quer ter a chance
De florescer logo de manhã
Uma borboleta, alegria alada,
E na emboscada a aranha tecelã.

Vida perigosa e tão preciosa,
Sutil mistura, beleza e dor,
Fino fio de seda perdido ao vento
Feito um pensamento só: viver
E deixar viver.

(Gladir Cabral)[9]

Assim, o *Não matarás* é um radical convite à paz; portanto, à negação da guerra. Em toda e qualquer circunstância, nossa disposição deve ser: "Matar nunca; morrer se for preciso".

## A recusa da vida

Numa forma de perguntas e respostas, o *Catecismo de Westminster*, preparado pelos protestantes reformados do século 17, avança que o sexto mandamento requer o cuidado de preservar a nossa vida e a dos outros. A preservação da vida do outro implica evitar em todas as ocasiões as tentações e as práticas que "tendem a tirar, injustamente, a vida de alguém" e em defender as

---

[9] CABRAL, Gladir, *Albert Schweitzer*. Disponível em: <http://ultimato.com.br/sites/gladircabral/2013/10/09/albert-schweitzer>.

OS DEZ MANDAMENTOS

pessoas contra a violência. Demanda a disposição "para se reconciliar, suportando pacientemente e perdoando as injúrias, dando bem por mal, confortando e socorrendo os aflitos, e protegendo e defendendo o inocente". Ainda segundo o mesmo catecismo, a preservação da nossa vida inclui, entre outras atenções, o uso sóbrio da comida, dos remédios, do sono, do trabalho e do lazer.[10]

O sexto mandamento nos convida a não matar o outro e, num nível mais profundo, a não matar a nós mesmos. "Como uma pessoa se mata?", pergunta Harold Schulweis, que responde: "Há formas de escolher a morte, morrer mil mortes, remoer-se por meio das torturas da autorrecriminação e da culpa".[11]

Diante de tantas formas de matar a nós mesmos, devemos nos examinar e lutar contra a que tem o potencial de nos destruir.

**1. O descuido do corpo nos mata.**

Quando não cuidamos do nosso corpo, desobedecemos ao sexto mandamento. Cuidar da nossa saúde é nossa responsabilidade, que inclui a prevenção e a intervenção medicamentosa e cirúrgica.

Somos capazes de maltratar o nosso corpo. Muitas vezes, gastamos o nosso corpo como se fosse inexaurível. Muitas vezes, abusamos do sedentarismo que bloqueia

---

[10] Uma versão do catecismo pode ser lida em: <http://www.monergismo.com/textos/catecismos/catecismomaior_westminster.htm>. William Douglas cita esse catecismo, pioneiro na interpretação do sexto mandamento. DOUGLAS, William. *O poder dos 10 Mandamentos: o roteiro bíblico para uma vida melhor.* São Paulo: Mundo Cristão, 2013, edição eletrônica, posição 1710.

[11] Citado por FELDER, Leonard, *op. cit.,* p. 122.

AME A VIDA 119

nossas funções vitais. Muitas vezes, ingerimos drogas que entopem nossas artérias ou destroem nossos órgãos. Maltratamos nosso corpo quando nos alimentamos de modo errado. A comida não é inocente. Deve ser ingerida com e como prazer, mas de modo equilibrado na quantidade e disciplinado no tempo. A má nutrição mata. A obesidade mata. E essas mortes podemos evitar. É muito sintomático que uma das manifestações da depressão é a falta de vontade de viver que, muitas vezes, se expressa na falta de vontade de comer. A recusa ao alimento é uma recusa à vida. O excesso de alimento é uma antecipação da morte.

Nosso corpo precisa de movimento. Quando não o exercitamos, nós o vamos matando aos poucos.

Cuidar do nosso corpo é defender a nossa vida, a vida que nos foi dada para cuidar.

**2. O trabalho excessivo nos mata.**
O estilo de vida da maioria de nós é conduzido pelo dinheiro, ganho por meio do trabalho. Como queremos mais dinheiro, trabalhamos mais, às vezes até morrer.

Não só queremos ganhar mais dinheiro; queremos ganhar mais dinheiro do que os outros. Nessa corrida para a morte, arrebentamos nossos músculos e poluímos nossa mente.

**3. O vício nos mata.**
Em busca de alegria ou prazer, somos capazes de ingerir drogas que nos viciam e nos matam, umas no curto prazo e outras, por vezes, tanto tempo depois que nem sequer estabelecemos uma relação de causa e efeito (como no caso do tabagismo).

## 4. O estresse nos mata.

O conhecimento sobre os males do estresse deixou os laboratórios e alcançou as ruas. Todo mundo sabe que o estresse mata.

Como sabemos, "a condição de estresse é algo bem real para milhares de pessoas: desconforto físico, insônia, ansiedade, dispersão, descuido ou mesmo distúrbio alimentar. O estresse é o caminho para sintomas (e doenças) mais graves. Na melhor das hipóteses, ele vai matando um pouco por dia, solapando a alegria de viver e a capacidade de trabalho".[12]

Por isso, o cardiologista Adib Jatene dizia que o trabalho não aniquila ninguém, mas o aborrecimento mata.

## 5. Nossos traumas nos matam.

Ao longo da vida, vamos ouvindo o que não devemos, fazendo o que não devemos, vendo o que não devemos, sendo amados de modo certo e amados de modo errado, odiados com razão e odiados sem razão. Pessoas que nos amam nos fazem mal, mesmo involuntariamente. Num mundo de massa, somos indivíduos únicos. Como mariscos entre o mar e o rochedo, vão ficando marcas suaves e marcas dolorosas. Umas nos enchem de alegria, e outras nos povoam de medo. Umas nos fazem voar, e outras nos fazem desejar o fundo da caverna.

Não podemos escolher todas as experiências, selecionando só as boas, mas podemos decidir o que fazer com as ruins. A primeira e boa decisão é parar de negar que

---

[12] OLIVEIRA, Maria Luiza de, *O estresse mata o trabalhador um pouco por dia*. Disponível em: <http://www.boog.com.br/artigos/o-estresse-mata-o-trabalhador-um-pouco-por-dia>.

AME A VIDA 121

temos problemas. A segunda é procurar ajuda, ajuda que nos permita superar as dificuldades que nos matam.

## 6. A baixa autoestima nos mata.

Depreciar a nós mesmos é uma forma de morrer aos poucos. Quando nos desvalorizamos, esquecemos que somos imagem e semelhança de Deus. Quando nos escondemos na bagagem como Saul (1Sm 10.22), podemos perder a oportunidade de ser reis.

Por motivos diversos, aceitamos conceitos a nosso respeito, valorizamos palavras indevidas ditas sobre nós que são contra nós e vamos permitindo que a vida escorra debaixo dos nossos pés. Precisamos defender nossa própria vida.

Pode ser que queiramos nos esconder, "mas a maneira de combater a vergonha e de honrar quem somos é compartilhar nossas experiências com alguém que tenha conquistado o direito de ouvi-las — alguém que goste de nós, não apesar das nossas vulnerabilidades, mas por causa delas".[13]

## 7. O comodismo nos mata.

Por medo ou por apego à tradição, podemos nos condenar à morte. E isso vale para pessoas e organizações.

No plano pessoal, chegamos a reconhecer que precisamos mudar, mas não temos coragem. Nosso emprego não tem futuro, mas temos medo de arriscar e vamos definhando. A qualidade de vida do nosso casamento é

---

[13] BROWN, Brené. *A coragem de ser imperfeito.* Trad. Joel Macedo. Rio de Janeiro: Sextante, 2013, edição eletrônica, posição 989.

## OS DEZ MANDAMENTOS

péssima, mas temos medo de mexer nele e vamos nos isolando um do outro até criarmos um abismo entre nós. Tomemos um exemplo do mundo empresarial. Durante décadas o cenário cultural do Rio de Janeiro tinha uma estrela de primeira grandeza: era a Livraria Leonardo da Vinci, no centro da cidade. Depois de 63 anos de atividade, fechou as portas em 2015. A herdeira que fechou a livraria admitiu, com amargura: "Optei por um modelo de negócio familiar que não é mais rentável. Diferentemente de outras livrarias, não vendemos outros produtos como *games* e crédito para celular, nem café servimos. Foi uma opção errada, e eu assumo a responsabilidade.[14] Possivelmente, a família quis manter o negócio por um apego à tradição. Não quis mudar. Preferiu morrer.

É claro que apenas um fator não explica uma derrota, nem uma vitória, mas um fator para a morte de uma organização é a crença de que o sucesso obtido até um determinado momento continuar à indefinidamente. No plano pessoal ou organizacional, podemos achar que "um choque pode até acontecer", mas não seremos abalados.[15]

### 8. A arrogância nos mata.

Por que grandes empresas quebram e viram pó, depois de terem sido gigantes em seu nicho?

Muitas falecem por arrogância, que faz que esqueçam, por exemplo, a concorrência. Em sua arrogância, não percebem outras empresas, que, embora sejam

---

[14] LIMA, Caio. "Clássica, Livraria da Vinci fechará no Rio após 63 anos". *Folha de S. Paulo*, 29.5.2015, ilustrada.
[15] SHETH, Jagdish N. *Os maus hábitos das boas empresas*. São Paulo: Bookman, 2008. Conforme resumo na revista *Época Negócios*, edição eletrônica, sem data.

AME A VIDA 123

menores no início, começam a fazer melhor o que as grandes faziam, arrebatando os clientes com suas preferências e recursos.

No plano pessoal, não é muito diferente. O arrogante não vê porque tem olhos apenas para si. O arrogante fecha portas, até aquelas que não abriu. O arrogante é estrela que brilha por um tempo até se tornar cadente. O arrogante não se atualiza, por achar que não tem com quem aprender. O arrogante não se relaciona com pessoas: no máximo, usa-as por um tempo, até ser descartado por elas. O arrogante condena-se à solidão. A solidão é uma forma de morrer.

## 9. A inveja nos mata.

A frase está nos adesivos dos automóveis: A inveja mata. Nós a conhecemos. O sentimento é tão forte que Deus postulou um mandamento para que a evitemos (Êx 20.17) e não adotemos os procedimentos dos que parecem vitoriosos, ao lançarem mão do recurso da violência (Pv 3.31). *O rancor é cruel e a fúria é destruidora, mas quem consegue suportar a inveja?* (Pv 27.4, NVI).

Ainda segundo a Bíblia, a inveja destrói o tolo (Jó 5.2), *porque o coração em paz dá vida ao corpo, mas a inveja apodrece os ossos* (Pv 14.30, NVI). Na realidade, *onde há inveja e ambição egoísta, aí há confusão e toda espécie de males* (Tg 3.16, NVI).

## 10. A raiva nos mata.

A raiva que sentimos por pessoas que nos feriram demonstra nossa incapacidade de perdoar.

A raiva nos mata porque nos impede de manter relacionamentos.

A raiva pode, em casos extremos, nos levar a matar outros seres, mas pode provocar nossa própria morte num plano emocional.

Por isso, precisamos prestar atenção ao mandamento bíblico segundo o qual podemos nos irar, mas não pecar. Há situações que nos alcançam o coração (quando acontecem conosco) ou os olhos (quando sobrevêm aos outros) e que nos deixam irados, desejosos de que venha fogo do céu e destrua os agentes da maldade.

É um conforto saber que podemos nos irar. De fato, precisamos nos irar. Quando nos iramos, damos nomes aos nossos problemas, clareamos nossas emoções, identificamos nossas adversidades. A ira pode ser sadia.

Quando nos iramos, ficamos indignados com a injustiça, diante da qual a fúria é legítima. Na verdade, é nosso dever nos irar contra todos os gestos que atentam contra a dignidade de uma pessoa. Estamos certos quando nos indignamos contra os agentes (indivíduos, comunidades ou instituições) que usam a força, seu poder, sua língua ou seu braço para massacrar inocentes. Mesmo nesses casos, porém, nossa ira não pode nos levar a pecar.

Iramo-nos e pecamos quando nos deixamos possuir por uma raiva absoluta e cega, que passa a nos controlar poderosamente, como se saísse sangue dos nossos olhos no calor da hora. Iramo-nos e pecamos quando, no afã de eliminar a maldade, apelamos para a violência com o objetivo de aniquilar fisicamente seu autor. Iramo-nos e pecamos quando não perdoamos quem errou, mesmo quando pede perdão. Iramo-nos e pecamos quando agimos tomados pelo desejo de vingança contra alguém, não de justiça, para todos os envolvidos na situação.

AME A VIDA 125

Se não age com raiva, o pai que disciplina seu filho com vigor não peca. Se não extrapola para a cólera, o chefe que orienta seus liderados com firmeza não peca. O confronto com quem errou deve ser acompanhado de generosa acolhida, não rancorosa rejeição.

O amor, que se expressa por vezes de modo intenso, indignado, irado, deve ser sempre uma forma de levar o outro a viver, não a morrer. Quem ama a sua vida cuida do seu corpo e da sua mente (1Co 6.19). Quem ama a própria vida ama o trabalho, mas não o idolatra (2Tm 2.6). Quem ama a própria vida renuncia aos vícios e se põe no caminho da recuperação para não ser destruído por eles (1Co 6.12). Quem ama a própria vida cuida da saúde emocional, para não ser implodido pelo estresse (Mt 6.25). Quem ama a própria vida convive com seus traumas, mas não permite que eles drenem a alegria de existir (Sl 51.12). Quem ama a própria vida tem um conceito equilibrado de si mesmo (Rm 12.3). Quem ama a própria vida não se acomoda ao que já alcançou (Fp 3.13). Quem ama a própria vida não postula superioridade sobre seus iguais (Fp 2.3). Quem ama a sua vida não deseja o que o outro tem porque o outro tem (1Jo 2.16). Quem ama a própria vida não se deixa dominar pela raiva (Pv 29.11). Quem ama a vida ama a paz.

## A triste arte de matar o outro

Se a vida é sagrada, destruí-la é pecado.

Idealmente, não deve haver exceções ao *Não matarás*. Quando abrimos exceções para as guerras e a pena de morte, apropriamo-nos daquilo que não podemos dar:

126  OS DEZ MANDAMENTOS

a vida. Quando achamos que algumas pessoas devem morrer, nos deixamos tomar pela ideia de que somos melhores do que elas. Quando decretamos morte para uns e vida para outros, usurpamos o lugar de Deus. Quanto às exceções, ficam aquém do número de dedos de uma das mãos. Podemos matar se for para preservar a vida; é o caso, por exemplo, do policial que atira num sequestrador para evitar que a vítima morra. Assim mesmo, o tiro tem que ser a única opção possível, esgotadas todas as outras. Em alguns casos de guerra, de guerra justa, justifica-se matar, também em último caso, não por causa de valores como defesa de território ou de imposição de uma ideologia, e nos casos considerados justos nunca os inocentes, apenas os que estão guerreando também. Alguns abortos podem ser admitidos, se a vida da mãe estiver correndo sério e definitivo risco de morte. Quanto à eutanásia, a ponderação de Laura Schlessinger é equilibrada:

> Embora no judaísmo e no cristianismo a eutanásia seja considerada claramente como um assassinato, o *status* da eutanásia passiva é menos claro. Muitas instituições religiosas creem que, não importa o motivo ou os meios, a eutanásia direta é moralmente inaceitável. Estas mesmas tradições geralmente consideram legítimo descontinuar os procedimentos médicos que são onerosos, perigosos, extraordinários ou desproporcionais ao resultado esperado. No assim chamado modo passivo, não se tem a vontade de provocar a morte, que é aceita como inevitável. Os cuidados básicos não podem ser negados.[16]

---

[16] SCHLESSINGER, Laura C. *Los Diez Mandamientos*. Trad. Ana del Corral. New York: HarperCollins, 2006, edição eletrônica, posição 3497.

AME A VIDA 127

Em todos os casos, "devemos nos preocupar com a imprecisão inerente dos seres humanos que estão tratando de adivinhar o futuro de uma enfermidade ou que estão sujeitos a motivos errados ao tomarem as decisões".[17]

O apelo à violência é, infelizmente, uma constância do ser humano, esquecido de que Caim estava errado: somos guardadores dos nossos irmãos.

**1. A raiva mata.**

O primeiro homicídio ocorreu por causa da raiva, que nasceu da rivalidade por atenção, aprovação e afeto de Deus. "Apesar dos esforços de Deus para ajudar Caim a encarar o que lhe parece difícil na vida, Caim assassina a Abel. Deus, então, dá a Caim a oportunidade de confessar e se arrepender, mas ele prefere mentir sobre o paradeiro de Abel: 'Não sei' (onde está Abel). Porventura, sou eu guardador do meu irmão?' (Gn 4.9). A resposta cósmica a esta pergunta é: 'Sim!'."[18]

Ouvir o conselho de Esther Carrenho nos ajuda na defesa da vida:

> A raiva é uma força que podemos canalizar para o que é positivo. Se ficamos indignados com as injustiças sociais, podemos protestar contra aqueles que têm o poder, tanto político quanto financeiro, de mudar as coisas. O que o evangelho não aceita é que a energia da raiva seja canalizada para a destruição. Faz-se necessário, então, que revisemos as motivações das nossas indignações. Se for

---

[17] Ibid., posição 3510.
[18] Ibid., posição 3218.

## OS DEZ MANDAMENTOS

por causa da nossa própria pessoa, que possamos crescer até o ponto de sabermos que não somos mais que pó — e pó não é muita coisa mesmo. E que nos avaliemos para a descoberta da finalidade que damos aos sentimentos da raiva. Isso porque, como é uma força, a raiva não some pelo simples fato de negarmos ou de fingirmos que ela não existe.[19]

Fica claro no sexto mandamento que, "embora sejamos passíveis de ímpetos de cólera destrutivos, podemos também reagir de modo racional a quaisquer insultos, problemas ou atos contrários a nós".[20]

### 2. A rejeição mata.

Somos pessoas muito sensíveis.

Por isso, as palavras que nos dizem ou dizem sobre nós, desde o berço (e talvez desde o ventre materno), são essenciais. Elas nos fazem sentir pertencentes ou estranhos. Elas nos acolhem ou nos repudiam. Eis como nos sentimos.

Um menino que ouve do pai ou da mãe que não vai dar certo na vida lutará a vida inteira para dar certo e talvez dê errado, a menos que se trate.

Uma menina que escuta que sua chegada ao mundo transtornou a vida dos pais carregará uma culpa pelo resto da vida, a menos que seja curada.

Uma criança entregue para adoção precisará de afeto redobrado da mãe ou do pai do coração para se sentir realmente amada.

---

[19] CARRENHO, Esther. *Raiva sem violência.* Disponível em: <http://www.cristianismohoje.com.br/colunas/esther-carrenho/a-raiva-e-uma-forca-que-podemos-canalizar-para-o-que-e-positivo>.
[20] FELDER, Leonard, op. cit., posição 116.

AME A VIDA 129

Uma pessoa recém-chegada a um novo grupo precisa ser recebida com carinho para se sentir pertencente a ele.

Uma palavra negativa, um gesto de indiferença, um olhar de reprovação, um golpe no corpo são formas de rejeição capazes de matar o outro, no sentido de que o impede de viver de fato. Precisamos cuidar das nossas atitudes, para que não sejam assassinas.

### 3. A maledicência mata.

Chamamos de fofocas os comentários que fazemos sobre os outros, mas a palavra não é boa. "Fofoca" é palavra de possível origem africana (banto) e vem de "remexer"; fofocar é remexer na vida alheia. Nesse sentido, é como um furto, porque se apropria de uma história da vida alheia. "Maledicência" é melhor palavra pelo que tem de pior: é o ato de maldizer. Só a etimologia nos deveria bastar.

A maledicência não pode ser apenas passatempo, como insinuam as publicações especializadas em fofocas. A maledicência mata.

Mesmo que seja verdadeira, a fofoca destrói porque é uma invasão da privacidade alheia. O maledicente compartilha notícias, falsas ou verdadeiras, sobre pessoas sem a autorização delas; na maioria, as pessoas não aprovariam. "A fofoca, portanto, é como um assassinato", pelo que "escutar fofocas equivale a permanecer impassível diante do assassinato do outro", vítima da maledicência.[21]

---

[21] SCHLESSINGER, Laura C., op. cit., posição 3578.

OS DEZ MANDAMENTOS

Como diz a Bíblia, andar "como mexeriqueiro" é "atentar contra a vida do próximo" (Lv 19.16).

É pecado ouvir fuxico; é pecado passar adiante uma informação não autorizada.

Com a proliferação da internet, há outro tipo de maledicência, que vem no reencaminhamento (*forward*, em inglês) de notas, algumas começando assim: "Não sei se é verdade, mas, pelo sim, pelo não, encaminho a mensagem que recebi...". Ora, quem repassa uma mentira é mentiroso. Assim, antes de passar, devemos conferir; na dúvida, só nos cabe deletar. Quando ouvimos algo desagradável sobre alguém, devemos perguntar-lhe se podemos ajudar.

Nos comentários postados nas redes sociais e nas páginas noticiosas, a maldade humana se revela com toda intensidade em muitos comentários, geralmente anônimos, postados nesses meios. Predominam os xingamentos, os palavrões, num ódio gratuito, visando aniquilar pessoas ou ideias, em atos que poderíamos chamar de "logo-homicídios", isto é, assassinatos pela palavra.

**4. A indiferença mata.**

O psiquiatra argentino Carlos Hernandez era diretor de um hospital psiquiátrico. Ele podia receber seus pacientes apenas como "loucos" e ministrar-lhe um remédio ou outra terapia. No entanto, decidiu construir um quarto perto do consultório para que os pacientes e seus familiares pudessem passar a noite. Era uma forma de acolher essas pessoas.

Ele disse que o psiquiatra e, por extensão, todas as pessoas devem desenvolver, na vida e na profissão, algumas atitudes.

AME A VIDA 131

Para viver, precisamos ser tratados com TERNURA. Sem ternura, a vida não é possível. Ela dispensa palavras. Acontece no toque.

Para viver, precisamos ser recebidos com HOSPITALIDADE. Quando nos hospedam numa casa, tornamo-nos parentes dos hospedeiros. Quando somos reunidos numa mesa, a vida é partilhada conosco.

Para viver, precisamos experimentar o SILÊNCIO do outro. Quando nos escutam, sabemos quem somos. Conter as palavras é um gesto de generosidade. Quem cuida do outro ouve. Silêncio demanda aprendizagem.

Para viver, precisamos da COMUNICAÇÃO COMPASSIVA. Na hora de falar, cada palavra é envolvida em compaixão. A frase pensada será dita se o amor a aprovar. O conselho será dado se for realmente levantar o outro.

Precisamos, portanto, que o outro seja terno conosco e nos receba. Precisamos que o outro nos escute e use suas palavras como canais de compaixão.

E o outro? O outro também precisa da nossa ternura. O outro precisa que coloquemos nossa mão sobre sua pele e deixemos que o encontro nos conduza. O toque é a comunicação suprema.

O outro também carece de que o recebamos. Quando acolhemos o outro, celebramos uma espécie de eucaristia, aquela que foi festejada por Jesus quando deu graças por ter os discípulos com ele durante a refeição.

O outro também cresce com o nosso silêncio, o silêncio de quem ouve, sem o julgar, sem o classificar, sem o diminuir. O silêncio é a chave do cuidado.

O outro também se fortalece quando nossas palavras lhe são ditas para levantá-lo. Nossas palavras são, nesse

## OS DEZ MANDAMENTOS

caso, a vida que flui de nós mesmos e alcança o coração do outro.[22]

A indiferença mata, mas a ternura, a hospitalidade, o silêncio e a comunicação compassiva geram vida.

**5. O preconceito mata.**

Somos naturalmente preconceituosos, embora nos aborreçamos profundamente diante dos preconceituosos quando somos suas vítimas.

Quem vê o outro como igual tem o Espírito de Deus. Quem vê o outro como inferior distribui destruição. O autor de "Meia-noite, cristãos", *Placide Capeau de Roquemaure* (1847), canta que no nascimento de Jesus:

> O redentor tirou todo o agravo.
> Eis livre a terra, o céu se pode ver.
> Torna um irmão quem antes era escravo.
> O amor o medo fará desfazer.

Raramente admitimos, mas o preconceito tem a ver com a economia. Na verdade, a economia tem sua origem na psicologia. Quando os empregos diminuem, os nacionais querem fechar as portas para os imigrantes, mas não dizem que estão com medo de perder suas posições de trabalho; assacam expressões contra os estrangeiros, como "preguiçosos", "doentes", "sujos" etc. O preconceito estava dentro e, numa situação assim, aflora. O preconceito só precisa de um pretexto para disparar a bala (palavra ou ato) que mata.

---

[22] Escrito depois de ouvir, em maio de 2015, a palestra informal do psiquiatra argentino Carlos Hernandez, no Congresso do Corpo de Psicólogos e Psiquiatras Cristãos em Guararema, SP.

AME A VIDA 133

O preconceito mata o outro, sem direito de defesa.
O preconceito aniquila o outro, sem que tenha feito algo.
O preconceito massacra o outro, ao lhe negar o direito de ser.
O preconceito é uma quebra do sexto mandamento.

## 6. A humilhação mata.

Parece que, para sermos alguém, precisamos negar que o outro também seja. Essa disposição interna nos leva a humilhar as pessoas, a salientar um defeito que imaginamos que tenham. Assim, chamamos as pessoas conforme sua altura, seu cabelo, sua fala ou profissão. As pessoas não têm nome, mas características. Um é baixinho. O outro é careca. Aquele é gago. Ela é negra. Ela é especial. Ela é feia.

Somos capazes de eleger algumas características como ruins, para humilhar as pessoas, às vezes como uma forma de diversão.

Parece que as melhores piadas têm, necessariamente, que humilhar as pessoas.

Por que nossas brincadeiras na escola escolhem palavras que encolhem os colegas? Mesmo entre as crianças, ai do que manca, ai do que usa óculos de grau forte, ai do gago, ai do gordo, ai do tímido.

Quem atenta para a advertência do sexto mandamento não humilha o outro. Quando humilhamos uma pessoa em público, nós lhe tiramos a motivação para viver. Se ela estiver errada, não será estimulada a se arrepender e mudar. Quando publicamente destruímos a reputação de alguém, seu "caminho da volta se faz mais difícil pelas

134 OS DEZ MANDAMENTOS

impressões negativas permanentes que deixamos nas testemunhas do deboche público".[23]

Humilhar é uma forma de matar. Para controlar nosso ímpeto, devemos nos imaginar no lugar daquele que humilhamos.

Não há graça em palavras divertidas que humilham. Palavras matam. Palavras que humilham aniquilam.

## 7. A falta de perdão mata.

Nossos erros com as pessoas interrompem relacionamentos, até mesmo os mais sólidos. A esperança de restauração desaparece quando não há perdão entre as partes.

A falta de perdão mata. Nosso ideal deve ser outro. Em sua oração, Jesus nos ensinou a pedir assim: [Pai], *perdoa-nos as nossas dívidas, assim como nós temos perdoado aos nossos devedores* (Mt 6.12).

Todos nós precisamos do perdão de Deus. E Jesus já providenciou esse perdão, oferecendo-o na cruz, quando ele mesmo se ofereceu para morrer no nosso lugar. A morte dele é a nossa vida.

Perdoados, precisamos viver a dinâmica do perdão, perdoando a nós mesmos, perdoando os outros, quando somos feridos por eles. Quem perdoa é livre, porque o perdão fecha a ferida. Quem não perdoa sangra.

Precisamos ser membros da comunidade dos perdoados que perdoam, que são aqueles que prestam atenção às seguintes palavras:

1. Para integrar a comunidade dos que perdoam, seja menos exigente com as pessoas.

---

[23] SCHLESSINGER, Laura C., op. cit., posição 3735.

AME A VIDA 135

2. Para aprender, seja menos crítico das pessoas.
3. Para ser justo, ouça antes de julgar.
4. Para ser honesto consigo mesmo, lembre-se de que a ofensa que você recebeu poderia ter sido praticada por você.
5. Para avaliar suas decisões, saiba que você nunca se arrependerá por ter perdoado, mas poderá se arrepender por não perdoar (ou por ter julgado mal uma pessoa ou a pessoa morrer antes de vocês celebrarem a reconciliação).
6. Como teste prático agora, deseje reencontrar no céu o "desafeto" de agora, até porque lá você não poderá escolher onde vai viver ou com quem vai se relacionar. Lá é o céu, não o inferno.
7. Para ter forças para viver na dinâmica do perdão, focalize o exemplo de Jesus.
8. Para seguir pela estrada boa, deseje seguir o exemplo de Jesus.
9. Para não se perder na vida, peça a Jesus para ser igual a ele.
10. Para demonstrar a sua fidelidade diante do Deus perdoador, "orgulhe-se" de perdoar, não de cobrar dívidas ou devolver as ofensas. Você é assim: "duro", "justo", mas pode não ser assim. Você pode perdoar, assim como é perdoado.

O perdão é como uma estrada que podemos percorrer de mãos dadas com aqueles a quem ofendemos e nos perdoaram, com aqueles que nos ofenderam e perdoamos, guiados pelo Espírito de Deus.

## 8. O legalismo mata.

Temos que ser honestos: a religião mata. Foi a religião que crucificou Jesus.

Para os contemporâneos de Jesus, o "eu, porém, lhes digo" era um sacrilégio, porque o que foi dito aos antigos não podia ser modificado. Jesus, na verdade, não mudou nada; apenas interpretou o que foi dito aos antigos como devia ser desde o início: com amor.

Pela lei dos antigos, um cego era culpado de sua cegueira: ele e/ou seus pais o faziam merecedor do castigo da cegueira. Se Jó estava sofrendo, algum pecado deveria ter cometido.

O legalista é refém de um esquema mental segundo o qual Deus governa o mundo com regras que nem ele mesmo muda e, mais ainda, ele retribui a cada um segundo o mérito da pessoa. A salvação, portanto, que é graça pura de Deus, é vista como pura retribuição aos gestos humanos.

É muito difícil negar o esquema porque ele é universal e atemporal, embora não seja neotestamentário. No Novo Testamento, aprendemos que a salvação é um presente de Deus e que a fé é a resposta humana. O legalismo mantém a visão dominante de que a fé é uma espécie de obra que atrai, como a salvação, e que vem como prêmio.

No afã de fazer mais salvos, o legalista fulmina os que não merecem a salvação. O legalista pode até ser bem-intencionado, em seu desnecessário esforço de pôr certa ordem nas coisas e defender Deus contra os que abusam do seu amor.

O legalista se casou com a verdade, com sua verdade, mas não sabe nada sobre o amor de Deus. O legalista não tolera o erro e chega a ponto de matar quem está errado.

O legalista não tolera quem pensa diferente dele, pois só ele crê certo... O legalista estabelece os alvos, o que pode ser bom, mas não tolera os que não o alcançam. Para o legalista, só há uma chance, não duas ou mais. O legalista não olha para a desigualdade, como se houvesse oportunidades iguais para todos.

## 9. A desigualdade mata.

Não há oportunidades para todos. Por causa do pecado, a desigualdade é o fio que conduz a História.

No século 21, o mar Mediterrâneo, que liga a rica Europa à pobre África, se tornou um cemitério de adultos e crianças africanos, todos em busca de oportunidades que o seu continente lhes nega. A desigualdade leva ao desespero, que é explorado por traficantes de seres humanos.

É tanta a diferença que Winnie Byanyima, presidente de uma ONG que monitora a desigualdade, perguntou: "Vocês querem realmente viver em um mundo em que 1% das pessoas possui mais do que o resto de nós, somados?".[24]

Em 2015, com tendência de piora, o 1% mais rico detinha um patrimônio superior aos 99% restantes. Como escreveu certo jornalista brasileiro, "a riqueza do 1% passou de 44% em 2009, ápice da crise global, para 48% em 2014. Ou seja, a crise comeu parte da renda dos 99% restantes, mas não a dos ultrarricos".[25]

---

[24] Citado por ROSSI, Clóvis. *No mundo, 1% mais rico terá mais do que os 99% restantes, diz ONG.* Disponível em: <http://app.folha.uol.com.br/#noticia/511098>.

[25] Disponível em: <http://app.folha.uol.com.br/#noticia/511098>.

OS DEZ MANDAMENTOS

A denúncia do profeta Amós, há quase três mil anos, parece tirada das organizações sociais proféticas de hoje: *Ai de vocês que gostam de banquetes, em que se deitam em sofás luxuosos e comem carne de ovelhas e de bezerros gordos!* [...] *Bebem vinho em taças enormes, usam os perfumes mais caros, mas não se importam com a desgraça do país* (Am 6.4-6 — NTLH). De onde vem essa riqueza toda? Pode vir de fonte honesta, mas multiplica-se com a exploração da mão de obra. Só lhes interessa o lucro, que vem, entre outras estratégias, pelo pagamento de salários iníquos em comparação com seus ganhos ou pelo engano.

Um homem prestes a se aposentar, depois de quarenta anos de trabalho braçal, foi convencido por um gerente a receber a aposentadoria pelo seu banco em conta corrente. Ele provavelmente bateu sua meta, mas o banco ficava com 10% do valor da aposentadoria, a título de remuneração dos serviços do banco, serviços nunca prestados porque são desnecessários. Quando transferiu sua conta para um banco público, passou a receber 100% de sua já miserável aposentadoria.

A desigualdade torna os humanos menos humanos, que passam a arrastar-se apenas para sobreviver. Não podemos aceitar a desigualdade como natural. É um atentado ao sexto mandamento.

## 10. A corrupção mata.

Uma das formas mais perversas de homicídio é o desvio do dinheiro público em benefício de alguns por meio de atos corruptos. O procurador da República Deltan Dallagnol calcula que anualmente o montante do desvio pela corrupção alcance duzentos bilhões de reais por ano, um valor que "permitiria triplicar o orçamento federal com

AME A VIDA 139

a saúde ou a educação" e "quadruplicar todo o orçamento nacional (somando União, estados e municípios) com segurança pública".

Dallagnol estima ainda que "seria possível tirar da faixa da miséria os dez milhões de habitantes que não recebem mensalmente o mínimo necessário para comprar alimentos que equivalham às calorias de que precisam para SOBREVIVER. Basta fazer a conta: dez milhões poderiam receber mil reais por mês, durante doze meses". Assim:

Além de matar por suprimir hospitais, remédios, alimentos, saneamento básico, segurança pública e escolas, a corrupção mata porque o agente corrupto fica com o rabo preso e não pode fiscalizar duramente o serviço mal prestado. Se a estrada ficou esburacada após curto tempo, paciência, porque ele não pode ir cobrar da empresa que pagou propina pra ele [...]. Hoje é o desconhecido que tem um acidente e morre em função do buraco da estrada. Amanhã é nosso vizinho. Depois pode ser nosso filho, filha, ou outro familiar querido. Enfim, não temos dúvidas de que corrupção mata. Quando tratamos do problema da violência urbana, e estudamos os fatores, ali está a corrupção, a falta de educação, a desigualdade social etc., vemos que estes últimos fatores são diretamente influenciados pelos níveis de corrupção.[26]

## A arte de matar

Ao longo da vida, matamos e fazemos viver, mesmo que não disponhamos de armas capazes de ferir.

[26] Deltan Dallagnol, em correspondência ao autor, em maio de 2015.

## OS DEZ MANDAMENTOS

Matamos quando vivemos na perspectiva de que a única pessoa que interessa sou eu mesmo. Só o nosso prazer se impõe. Só a nossa história importa. Só os nossos desejos são prioridades. Quem está ao nosso redor vai definhando como uma folha pisada no chão.

Matamos quando a bactéria da insensibilidade nos toma o corpo todo, de modo que não vemos o outro, não prestamos atenção no outro e, se vemos, não lhe damos a atenção que necessita, mas vamos empurrando a existência como se não necessitássemos de ajuda.

Matamos quando, escravos das realizações pessoais, só enxergamos metas a bater, dinheiro a ganhar, sexo a desfrutar, aplausos a receber, como se não fossem conquistas que o vento leva.

Matamos quando, não compreendendo a dinâmica da alma, condenamos os que sofrem, não damos a mão aos que estão atravessando o vale da sombra da ansiedade, da insegurança, do pânico ou da depressão, achando superficial e covardemente que, para atravessá-lo, basta a essa pessoa tomar coragem.

Matamos quando nos recusamos a mudar os padrões, que podem vir de longe na história da nossa família, mas são ruins porque são motivados pela satisfação dos próprios instintos, mesmo que assassinos.

Diferentemente, porém, podemos fazer viver.

Fazemos viver quando o outro, em casa ou fora de casa, nos importa, como alguém realmente igual a nós.

Fazemos viver quando, revisando nosso jeito de ser e agir, entregamos ao outro a bola para que ele faça o gol e celebre.

AME A VIDA 141

Fazemos viver quando nos recusamos a ser insensíveis, embora tenha sido essa a herança que nos tenha tocado no latifúndio da infância. Então, decidimos sorrir, abraçar, ouvir, apesar do modo como fomos moldados. Fazemos viver quando aceitamos as pessoas como são e as ajudamos a ser o que precisam ser. Desejemos sempre fazer viver. No que depender de nós, a vida do outro, hoje e amanhã, valha a pena. Contra a cultura da guerra e a favor da cultura da paz,

1. Acredite no que Jesus diz quando nos chama a ser pacificadores. Deseje ser um pacificador. Ame a vida — a sua e a dos outros —, nunca a morte. *Bem-aventurados os pacificadores, porque serão chamados filhos de Deus* (Mt 5.9).
2. Aparte brigas. Não estimule as lutas, sejam corporais, gestuais ou verbais.
3. Consuma produtos de paz. Não consuma produtos (livros, filmes, programas de televisão) que exaltem a força ou a brutalidade, como jogos de guerra, lutas sangrentas entre pessoas.
4. Use as palavras para abençoar. Se vier o desejo de maldizer, peça a Deus a virtude do silêncio.
5. Argumente. Não grite. Não levante a mão contra o outro. Uma vitória obtida no grito será derrota amanhã.
6. Valorize a igualdade entre os seres humanos e sua diversidade. Não humilhe as pessoas.
7. Eduque seu temperamento. Se ele for explosivo, ponha-se na academia de Jesus, para abrandá-lo. Ponha sua força a serviço dos fracos. Quando se irar, não peque.

## OS DEZ MANDAMENTOS

8. Com realismo, olhe para você mesmo através dos olhos de Jesus. Não ceda a ideologias que preconizem a eliminação de pessoas indesejáveis, como o da frase: "Bandido bom é bandido morto".[27] Éramos todos bandidos até a cruz nos tirar da cadeia. A pena de morte contra nós foi extinta, graças a Deus. Não concorde que a lei de talião, do "Olho por olho, dente por dente", seja a sua ideologia.

9. Avalie seu modo de ser para com os outros. Se alguém diz que você é rude, você é rude. Deseje ser suave.

10. Entre a verdade e o amor, fique com o amor, que nunca exclui a verdade.

---

### HORA DE PRATICAR

Em busca da obediência ao bíblico *Não matarás*, considere refletir com base nas seguintes perguntas:

1. Que lugar o uso da força (verbal ou física) ocupa na sua vida na solução de conflitos? Já brigou muito?

---

[27] Em 2015, formou-se um grupo no *Facebook* (Alerta Tijucano) visando alertar as moradores da Tijuca (bairro da zona norte do Rio de Janeiro) sobre evitar lugares onde ocorriam mais assaltos. Uma das participantes pediu para sair, escrevendo: "Estou deixando este grupo. O que pensava ser uma forma de alerta contra a violência se tornou um meio de disseminá-la. Vejo diariamente um discurso de ódio, de olho por olho, dente por dente, que não se enquadra em nada na minha forma de olhar o mundo. Há dois mil anos recebemos uma lição máxima de amor que infelizmente ainda não conseguimos aprender. Se já sofri de violência? Já... Quem nunca sofreu? Só não vou alimentá-la". Entre os comentários discordantes, que formaram a maioria, apareceram: "Já vai tarde. Vai ser otária longe"; "Adote um vagabundo e seja feliz"; "É esse papo de religião. Dois mil anos, lição de amor. Para, né? Não é o lugar, nem condiz com a realidade"; "Quem está disposto a matar para ter bens materiais merece ser escória da sociedade e todo ódio junto. Que a polícia encha de balas esses vermes".

AME A VIDA 143

2. Quando você se excede no trato com o outro, toma a iniciativa de pedir perdão? Tem alguém a quem ainda não pediu perdão?

3. Você costuma orar a Deus pedindo que o Espírito Santo guie as suas reações, ou faz o que acha certo?

4. Você se classifica como alguém que age por impulso ou com calma? Se você é impulsivo, o que faz com essa realidade?

5. Você deseja ser alguém que promove e vive a cultura da paz ou, ao contrário, prefere a guerra do "bateu-levou"?

6. Você se empenha para que, a começar por você, haja paz na terra? Se depender de você, haverá paz na família, no condomínio, no trabalho?

# 7
# Cuide dos seus desejos

*Não adulterarás.*
ÊXODO 20.14

"O sexo é belo até perder seu contexto espiritual.
O alimento e as outras formas de prazer são
maravilhosos até se tornarem fins em si mesmos.
Eles se tornam deuses, e os deuses se tornam tiranos,
e os tiranos se tornam escravizadores."

LAURA SCHLESSINGER

Numa reportagem sobre hábitos alimentares de crianças em idade escolar, a mãe de um menino de 7 anos conta que põe barrinha de cereal e suco de caixinha em sua mochila. Ouvido, o garoto diz que, se pudesse escolher, tudo seria diferente. "Eu traria chocolate, refrigerante e salgadinho toda vez."[1]

Para o bem do filho, a mãe não atende a seu desejo. Ela quer que ele tenha uma vida boa. Para tanto, age contra a natureza do menino.

---

[1] "De salgadinhos ao *sushi*, crianças contam o que gostariam de comer no recreio", *Folha de S. Paulo*, 6.6.2015, caderno Folhinha.

CUIDE DOS SEUS DESEJOS 145

De igual modo, todos os mandamentos de Deus para uma vida boa — não só o sétimo — são contra a natureza humana. Em certo sentido, todos os mandamentos são contra os desejos humanos, que nos querem dominar para se realizarem.

Se perguntarmos ao menino por que ele gosta de chocolate, refrigerante e salgadinho, ele não saberá responder. Apenas gosta.

Podemos não saber por que apreciamos ou rejeitamos isto ou aquilo. O fato de não sabermos as razões dos fatos não quer dizer que elas não existem.

Os nossos desejos revelam quem somos. O que somos — logo, o que desejamos — vem de uma série de fatores.

Entre os fatores que nos formam, os dois pilares são a biologia e a cultura, esse "dueto inseparável" que dificulta nossa tarefa de "isolar ou detectar o peso de cada um desses componentes" da nossa vida.[2] Se a nossa preferência por determinado time de futebol veio da nossa experiência (isto é, da nossa cultura), o nosso gosto por determinado perfume talvez esteja mais próximo da nossa biologia do que da nossa história. A alergia é um bom exemplo da força da biologia, ao exercer uma influência que alcança gostos e hábitos.

O desejo é filho da biologia e da cultura. Parte da cultura se organiza por meio da propaganda, formal e informal. O modo como nos vestimos tem centavos de biologia (por questões de gênero e compleição) e milhares de reais de propaganda. Definitivamente, nossos gostos não são autônomos.

[2] GIKOVATE, Flavio. *Mudar*. São Paulo: MG editores, 2014, posição 243.

# 146 OS DEZ MANDAMENTOS

Além desses pilares, contamos ainda com os eventos, que podem mudar parte das nossas heranças biológica e cultural.

Quando o futuro prêmio Nobel da Paz Desmond Tutu era ainda um menino, teve seu futuro reimaginado depois que assistiu a uma cena inusitada, como ele mesmo descreve: "Vi um homem branco cumprimentar com o chapéu uma mulher negra. Esse gesto era totalmente desconhecido no meu país. O homem branco era um bispo episcopal, e a mulher negra era a minha mãe".

Desmond Tutu se tornou também um bispo episcopal e se dedicou à luta contra o *apartheid* pela via da não violência.

Antes dele, Martin Luther King Jr. começou a ser preparado, sem o saber, para deixar um legado quando foi com o pai a uma loja comprar sapatos. O vendedor exigiu que Luther King Sr. usasse a porta dos fundos, mas ele se recusou; nascia ali, naquele momento, o grande defensor dos direitos dos negros norte-americanos: seu filho.

Esses eventos foram determinantes para essas pessoas no futuro. Entre as experiências que passamos, dois tipos são negativamente poderosos: os traumas que sofremos e as mentiras que nos contam.

As experiências traumáticas ficam registradas como marcas, como se fossem tatuagens de difícil remoção e que turvam nossos horizontes, mesmo que não lembremos. Para ilustrar o poder do trauma, conto três experiências, uma delas pessoal.

Uma menina vivia com a mãe, o padrasto e irmãos de pais diferentes. Por mais de uma vez, o padrasto abusou dela, até que a mãe se separasse do marido. A menina

CUIDE DOS SEUS DESEJOS 147

adolesceu, mas nunca mais confiou em homens. Chegou até a namorar um rapaz seriamente, mas depois passou a se relacionar com mulheres.

O rei Davi, conta a Bíblia, estava de folga no terraço de sua casa quando viu, mais abaixo em outro terraço, uma mulher nua. Esse evento marcou sua vida e seu governo para sempre. O evento criou a oportunidade para o desejo aflorar e, depois, se realizar.

Estando eu dirigindo por uma rodovia, um automóvel em movimento em uma estrada vicinal perpendicularmente veio em minha direção. Consegui desviar, mas ele bateu contra a traseira do meu veículo, que rodopiou sem controle até parar em sentido contrário. Durante muitos anos, todas as vezes que um carro fazia aquele mesmo tipo de percurso pela direita em direção ao meu, meu corpo tremia como num espasmo. Esse trauma, simples, poderia ter me levado a nunca mais dirigir um automóvel, como é a experiência de tantos outros.

É o caso, por exemplo, da mulher que, dirigindo seu carro, bate e, em lugar de ser acolhida pelo marido, dele ouve: "Eu falei que você não devia dirigir. Você não tem capacidade para isso. Quando precisar ir a algum lugar, eu te levo".

A reação ao trauma foi uma mentira. Se a mulher acreditar, nunca mais tomará a direção de um automóvel.

Ao longo da vida, ouvimos muitas mentiras.

Meus pais contavam que uma vez foram abordados por um homem na rua, em Colatina (ES). O desconhecido queria que me doassem a ele porque eu seria uma pessoa muito importante na vida. Não sei porque me contaram isso, mas é possível que o relato contivesse uma ponta de orgulho. O homem estava completamente errado, mas o episódio pode ter gerado em mim um traço positivo de autoconfiança no meu jeito de ser.

Os eventos, bons e ruins, nos marcam de maneira que nem sequer imaginamos. Desse modo, podemos pressupor, em síntese, que aquilo que desejamos é gestado no útero da nossa história por meio de três vetores que se fundem num tecido inconsútil: a biologia, a cultura e os eventos. Os desejos são filhos e pais da nossa história pessoal.

## Naturalmente infiéis, espiritualmente fiéis

Dos desejos vêm escolhas boas. Dos desejos vêm decisões ruins.

Os desejos demandam cuidados da nossa parte. São arrebatadores, como nos lembra Miguel de Cervantes: "O desejo é o princípio original de que todas as nossas paixões decorrem como os riachos da sua fonte; por isso, sempre que o desejo de um objeto se acende no nosso coração, pomo-nos a persegui-lo e a procurá-lo e somos levados a mil desordens".[3]

Um homem casado se apaixonou por uma mulher casada muito mais jovem. No auge de sua crise sobre o que fazer, comentou: "Estou me sentindo menino de novo". E foi viver com ela, cometendo o maior erro de sua vida, como reconheceria anos mais tarde, depois de ser destruído.

Eis como uma senhora comentou suas dificuldades quanto à fidelidade:

---

[3] Colhido em ‹http://www.revistapazes.com/cervantes›

CUIDE DOS SEUS DESEJOS 149

O adultério é uma ferida na alma. Às vezes, sinto-a cicatrizada, perdoada, mas, às vezes, ela volta à mente como se arrancando o cascão onde dentro ainda está a ferida, doída, sofrida. Não sei por que nem como, mas, desde meus primeiros relacionamentos, o adultério sempre esteve presente na minha vida. Dizia a mim mesma que era pecado, mas nunca conseguia vencer a tentação; quanto mais difícil, mais excitante, mais desafiador. Eu encontrava o prazer extremo só em pensar no perigo. Depois de conseguido, vinha o desgosto, o arrependimento, o desapego.

No desejo de adulterar, a cultura joga um papel que não pode ser subestimado. Sabemos que "nossa sociedade redefine constantemente a moralidade e geralmente o faz na direção descendente, de maneira tolerante, isenta de juízos e egocêntrica".[4] Assim, o adultério se tornou uma prática disseminada entre os casais. Segundo um estudo de 1994, da Universidade de Michigan, a infidelidade é a principal causa do divórcio. O terapeuta de família norte-americano Frank Pittman disse que, em seus 37 anos de profissão, exceto em dois casos o casamento não terminou por causa do adultério.[5]

No Brasil, a maioria das separações litigiosas acontece por causa do adultério, geralmente por parte do homem. Evidentemente, as explicações justificadoras são muitas, mas não alteram a clareza de sua condenação, como está

---

[4] SCHLESSINGER, Laura C. *Los Diez Mandamientos.* Trad. Ana del Corral. New York: HarperCollins, 2006, edição eletrônica, posição 3798.
[5] Ibid., posição 3831.

## OS DEZ MANDAMENTOS

no sétimo mandamento. Na verdade, *o desejo dos infiéis os aprisiona* (Pv 11.6, NVI). Nada justifica o adultério.

Alguns cuidados, por isso, devem acompanhar quem pretende não se deixar laçar:

**1. Conheça a si mesmo.**
Todos podemos adulterar. A infidelidade é natural no ser humano. A fidelidade é espiritual.

Conhecermo-nos nos torna mais realistas e cuidadosos. Há muitos anos, um líder religioso chocou sua plateia quando, ao lado de sua esposa, proclamou: "Eu sou um adúltero. Minha mulher sabe disso. Eu nunca adulterei, mas posso adulterar. Eu sou potencialmente um adúltero. Eu preciso vigiar".

Como escreveu um jovem recém-casado, "o adultério nasce no coração, que é o campo do desejo, das vontades e do sentimento. Por isso, temos que a todo tempo fazer cada parte do nosso coração, até o íntimo dele, ser conhecida por Deus. Devemos submeter nossos sentimentos à vontade de Deus. Cuidar do sentimento e ser vigilante são formas de evitar o adultério" (Marcos).

**2. Considere a proibição.**
Em Levítico, o mandamento é explicitado: *Nem te deitarás com a mulher de teu próximo, para te contaminares com ela* (Lv 18.20).

Como em todos os mandamentos, o sétimo é para o nosso bem.

**3. Cuide dos seus desejos.**
Jesus foi à raiz do mal, quando ensinou: *Ouvistes que foi dito: Não adulterarás. Eu, porém, vos digo: qualquer que olhar para*

CUIDE DOS SEUS DESEJOS 151

*uma mulher com intenção impura, no coração, já adulterou com ela* (Mt 5.27,28). Se o desejo não for controlado, ele será realizado, mais dia, menos dia.

**4. Conte os resultados.** Tenha em mente que o adultério, quando descoberto e não tratado, interrompe os vínculos conjugais. "Quando um casamento explode, os estilhaços se espalham rapidamente, ferindo muito mais pessoas do que as duas que se divorciaram. Pais, irmãos, vizinhos, colegas de trabalho e, acima de tudo, filhos de divorciados passam por grande dor e portam cicatrizes de longa duração por causa de um casamento fracassado". Os efeitos são mesmo brutais.[6] Um jovem pai fala de sua dor: "Meu pai teve muitas amantes, inclusive na minha frente, o que me causou grande sofrimento" (A. M.).

Segundo um estudo da terapeuta Lana Staneli, nos EUA, 80% dos que se separam se arrependem. Dos 10% que se casam com o(a) amante, 60% se divorciam de novo e, dos que continuam casados, apenas a metade se considera feliz. Para essa profissional, ter um amante é um convite a uma tragédia e a muitas dores.[7]

O autor de Provérbios conta uma parábola que termina com a seguinte mensagem: O adultério é *caminho para a sepultura e desce para as câmaras da morte* (Pv 7.27).

Olhe para a memória da sua família. Se houve traição nela, pense nas consequências e decida escrever uma

---

[6] BARNETT, David Louis. *The heart of the Commandments: delving the depths of the divine decalogue*. [S.l., s.ed.], 2012, posição 2362.
[7] STANELI, Lana. Citada por SCHLESSINGER, Laura, op. cit., posição 4019.

## 152 OS DEZ MANDAMENTOS

história diferente. Faça como este homem que, tendo visto o pai com suas amantes, decidiu: "Cedo aprendi que não queria isso para a minha vida, pois reproduzir tal atitude seria perpetuar a falta de autocontrole. Deve-se evitar o primeiro passo. Por outro lado, convém lembrar uma frase que ouvi de uma velha amiga de trabalho: 'O traidor não prospera'" (André).

### 5. Arrependa-se, se for o caso.

Há pessoas em relacionamento adúltero que querem continuar correndo o risco ou pagando o preço. Até admitem que estão erradas, mas é isso que querem.

É possível que muitas pessoas que estão experimentando o adultério queiram deixar o relacionamento e digam até que vão encerrar o caso. Umas ficam esperando o momento, mas o melhor momento é agora. Quanto mais tempo no pecado, mais difícil é sair dele. Quanto mais tempo no erro, piores são as consequências.

Pode haver vida após o adultério, como demonstra a história de Bob e Audrey Meisner.

Eles se encontraram no seminário em que estudavam. Casaram-se, mas logo Audrey percebeu que o estilo de comunicação do marido era muito diferente do que vira até então. Ele era muito duro e a confrontava em tudo.

Continuaram, sem enfrentar o problema. No decorrer do tempo, com o trabalho ocupando mais tempo de Bob, um amigo da família começou a flertar com Audrey. Um dia, esse homem a tocou, e ela gostou. Ela pensou: "Este relacionamento não vai afetar o resto da minha vida".

Pouco depois, o relacionamento se tornou sexual. O caso continuou por três semanas.

CUIDE DOS SEUS DESEJOS 153

Entendendo que não podia prosseguir com uma vida dupla, ela decidiu contar ao marido.

— Eu estava com medo. Eu tremia. Eu não tinha dúvida: eu queria o meu marido e os meus filhos. Eu não o confrontara durante 17 anos por causa de coisas menores e agora eu ia lhe dizer a mais traiçoeira notícia que eu mesma nunca imaginaria. Sentei-me muito perto dele e sussurrei em seu ouvido: "Eu fiz algo extremamente inadequado". Eu vi apenas raiva extrema e ódio entrando em seus olhos. "Eu sinto muita vergonha pelo que fiz e lamento profundamente."

O homem traído procurou ajuda. O conselheiro lhe perguntou:

— Bob, o que foi feito está feito. O que eu quero saber é se você vai ou não ser o homem de Deus que você precisa ser para manter sua família unida. Antes de dormir, ajoelhem-se e orem juntos.

O resultado foi, nas palavras de Audrey, que um nível de transparência nunca vista começou a acontecer.

Mas havia ainda um segredo.

Alguns meses depois, ela recebeu a notícia de que estava grávida.

Bob sabia que o filho não era dele, porque tinha feito vasectomia.

Perguntado se queria que a gravidez continuasse, Bob disse que sim.

— Antes, dentro de mim, tudo o que eu queria era punir minha esposa. Agora, eu compreendia que ela carregava um bebê e precisava da minha ajuda. O bebê precisava de pais, e eu queria ser o pai.

A família mudou de cidade.

154  OS DEZ MANDAMENTOS

Cinco meses depois, o casal estava na maternidade. Eis como Bob se lembra desse momento:

— Foi um dos dias mais felizes da minha vida. Esse bebê era simplesmente um presente, um presente absoluto. Quando nosso filho nasceu, dei-lhe meu nome: Robert. Robert Theodore Meisner. Eu não queria que algum dia meu filho tivesse alguma dúvida do que ele significava para mim. Theodore (Teodoro) significa "dom de Deus".

Essa história foi contada num programa de televisão, dez anos depois dos fatos.

As últimas falas são do casal. Audrey disse:

— Nosso relacionamento tornou-se dinâmico, como nunca tinha sido. Agora eu sou honesta, e ele é honesto.

Bob acrescentou:

— É necessário que haja transparência e vulnerabilidade para estar pronto para ser conhecido pelo outro. Aquele foi o nosso novo território.[8]

## O poder do princípio do prazer

Se o primeiro sentido do verbo significa violar a fidelidade conjugal, adulterar é mais amplo. O "cônjuge" do outro, por exemplo, pode ser a dedicação idolátrica ao trabalho, a busca insana pela promoção, o tempo dedicado a um passatempo ou qualquer outro compromisso que rouba o coração. Podemos adulterar com o trabalho, com a desejada promoção, com uma obsessão ou com

[8] Para ler a história, acesse <http://www.cbn.com/700club/features/amazing/JRC17_Bob_Audrey_Meisner.aspx>. A entrevista do casal pode ser assistida em <https://m.youtube.com/watch?v=8JOiRaVUsLY>. A história é detalhada em MEISNER, Bob e Audrey. *Casamento debaixo de proteção*. São Paulo: Universidade da Família, 2007.

CUIDE DOS SEUS DESEJOS 155

um passatempo preferido. É difícil lidar com essas coisas porque esse tipo de imoralidade acaba sendo aceita como algo moral.[9]

Na língua portuguesa, quando uma balança é fraudada, se diz que foi adulterada ou que não é fiel. O peso declarado é diferente do peso real. É como o marido que diz amar uma mulher e tem relação afetiva com outra. Infidelidade é duplicidade.

Por que um comerciante adultera sua balança? É para ter o que não lhe deve pertencer. Vem da insatisfação com o que ganha; para ganhar mais, mente, engana, frauda, adultera, corrompe. Ele acha que pode usar o outro para ganhar mais dinheiro.

Por que uma pessoa bajula a outra? É para tirar algum proveito: deseja apenas ser aceito pelo outro ou receber dele algum benefício.

O infiel é infiel ao parecer o que não é, ao fazer o que não pode ser visto por todos, ao dizer o que não pensa, ao trair a quem jura amar. O infiel é um apóstata, que, etimologicamente, é quem se afasta de algo ou de alguém do qual antes estava próximo. O infiel troca o Deus verdadeiro por outros deuses, seu amor por outros amores, seus valores por outros valores.

Adulterar "é explorar o parceiro, é vitimizar narcisisticamente o outro, seja sexualmente, seja emocionalmente, seja psicologicamente, em benefício próprio".[10]

"Adulterar é usar as pessoas para benefício pessoal sem

---

[9] CHITTISTER, Joan. *The Ten Commandments: laws of the heart*. Maryknoll, NY: Orbis, 2006, posição 856.
[10] Ibid., posição 805.

## OS DEZ MANDAMENTOS

intenção de compromisso, sem a disposição de morrer em seu lugar."[11]

O adultério, seja qual for o seu objeto, é sempre a ponta visível de uma fragilidade. "O sexo é belo até perder seu contexto espiritual. O alimento e as outras formas de prazer são maravilhosos até se tornarem fins em si mesmos. Eles se tornam deuses, e os deuses se tornam tiranos, e os tiranos se tornam escravizadores."[12]

O ser humano é regido pelo princípio do prazer. O jogador tem prazer em vencer, seja na loteria, seja num campo de futebol. Todo jogo tem regras. Diante delas, o ser humano deve segui-las, mas pode também adulterá-las, procurando, por exemplo, colocar a mão na bola sem que o juiz veja ou simular uma falta que não recebeu.

Quando o princípio do prazer se torna absoluto, as regras são relativizadas e, depois, adulteradas. Primeiro as regras são subestimadas. Depois são adulteradas. Para adulterá-las, a pessoa faz suas próprias regras.

Fazer as próprias regras pode parecer uma indicação de força, mas é de fraqueza.

Quando estamos frágeis, o instinto é forte. Por natureza, o ser humano quer ter prazer. Se puder ser dentro das regras, ele as seguirá. Se for preciso romper as regras, ele as quebrará. O instinto é muito forte.

Quando estamos frágeis, o ambiente é forte. Como ser honesto, se a maioria dos colegas frauda? O meio em que vivemos vem sobre nós como uma onda gigantesca difícil de surfar. Só os fortes se mantêm íntegros. Andar como os outros andam é uma demonstração de fraqueza.

---

[11] Ibid., posição 825.
[12] SCHLESSINGER, Laura C., op. cit., posição 1156.

CUIDE DOS SEUS DESEJOS 157

Quando estamos frágeis, a sedução é forte. Diante de uma vitrine, os objetos brilham. Quanto mais frágeis estamos, mais brilharão, embora tenham a mesma intensidade; mais precisaremos deles, embora possamos dispensá-los; mais os desejaremos. Quando a Apple lançou o primeiro Ipad, eu o desejei. Ele estaria à venda à meia-noite de determinada data. Com ansiedade, esperei o dia e a hora diante do computador para a telecompra e fui um dos primeiros. Meu coração disparava. Meia-noite. Entrei no *site*. Agora eu podia comprar. Preenchi os dados. Parcelei o valor. Conferi. Era só bater o *Enter* da finalização e esperar chegar o produto. No entanto, eu fiz uma autocrítica do meu comportamento. Vieram as perguntas: eu preciso mesmo desse produto? Não é melhor esperar o modelo posterior? Não comprei. Resisti à sedução. Eu só teria o meu um ano depois, quando realmente estava de que precisava dele e que correspondia à minha expectativa.

Quando estamos frágeis, a paixão é forte. O amor passageiro é tornado definitivo, como se fosse uma oportunidade que nunca voltará. O desejo transformado em paixão se torna uma forma de ver que deixa cego o apaixonado, que só tem olhos para seu objeto; o apaixonado é cego para o tempo, é cego para a moral, é cego para o perigo, é cego para a razão.

Nossas emoções desorganizadas são o espaço propício para o triunfo dos desejos, inclusive os destrutivos.

Cada um dos Dez Mandamentos nos foi legado para nos ajudar em nossa caminhada, como auxílio para que "levemos vida santa, santificando nossos desejos e apetites humanos de forma que elevem seu significado acima daquilo que corresponde aos animais e ao mundano".[13]

---

[13] SCHLESSINGER, Laura C., op. cit., posição 4063.

## OS DEZ MANDAMENTOS

## Controlando nossos desejos

O conselho bíblico vai à raiz, quando preconiza: *Sobre tudo o que se deve guardar, guarda o teu coração, porque dele procedem as fontes da vida* (Pv 4.23).

Sejam de realização, nunca de destruição, os nossos desejos.

## 1. Examine seus desejos.

Por que você deseja o que deseja? Um pai que, na infância, nada teve, dá tudo para o filho. Ele o ama. Por não ter tido o que precisava ter, deseja dar ao filho o que não teve, mesmo que o filho não precise. O que ele dá ao filho é menos por amor, que não se realiza em coisas, e mais por medo de o privar como foi privado. Pode ser um sentimento de vaidade: quero ser melhor pai que o meu pai foi. Esse pai precisa saber que seu filho precisa de afeto e talvez precise aprender a demonstrá-lo. Ele dizia que era amor.

Uma filha perdeu o pai cedo. Ela nunca compreendeu. Não chegou a se revoltar explicitamente, mas sempre cultivou interiormente um sentimento de revolta. Em certo momento, para externar sua raiva, passou a tomar bebida alcoólica, coisa que nunca fizera. Ela dizia que era para relaxar, mas, na realidade, era para abafar seu sentimento de culpa.

Uma filha foi tirada cedo do pai, por causa de uma separação litigiosa. Para ela, seu pai, que era bom, lhe foi arrancado, sem sequer ter o direito de se despedir dele. Ela nunca mais viu o pai e jamais perdoou sua mãe. Quando chegou à idade adulta, afastou-se da igreja, para tristeza da mãe. Era a forma de a menina punir a mãe pela crueldade contra ela na infância. Ela dizia que se afastar de Deus era algo racional, mas, na verdade, era emocional.

Precisamos examinar nossos desejos, como parte de um processo de autoconhecimento, que nos leva a saber por que decidimos e como decidir melhor.

**2. Assuma o controle dos seus desejos.**

Quem controla a sua vida: você ou os seus desejos? "Precisamos assumir o controle de nossos pensamentos, submetendo-os a Deus, junto com tudo o mais em nossa vida. E nós temos uma boa parcela de controle sobre o que fazemos com esses pensamentos, uma vez que eles vêm a nós. Quando um pensamento vem, temos que fazer uma escolha."[14]

Viver deve incluir meditar. Precisamos refletir nas razões dos nossos desejos, para não permitir que eles, como se tivesse vida própria, nos controlassem. Somos os nossos desejos, mas não apenas nossos desejos. Somos também razão, e ela precisa desempenhar seu papel.

**3. Escolha o que vai desejar.**

Nossos desejos não precisam ter vida própria. Devemos nos empenhar em controlá-los. O domínio próprio é parte de uma vida guiada pelo Espírito Santo (Gl 5.23).

Podemos escolher amar. Podemos escolher odiar. Podemos desejar amar. Podemos desejar odiar. Sabemos que *o desejo dos justos tende somente para o bem, mas a expectação dos perversos redunda em ira* (Pv 11.23).

---

[14] SCHLESSINGER, Laura C., op. cit., posição 1333.

160 OS DEZ MANDAMENTOS

Somos instruídos a desejar as coisas do alto (Cl 3.2). Quando bebemos *o leite espiritual* puro que nos é oferecido, crescemos saudáveis (1Pe 2.2, NVI). Precisamos respirar um ar bom, que é inspirado pelas boas companhias, formadas por conversas santas e leituras de valor. Precisamos de amigos de classe espiritual. Precisamos de livros que nos fazem pensar, de modo que não nos iludam com promessas que parecem boas. A quem estamos ouvindo? Precisamos escolher como vamos realizar o nosso desejo. Imaginemos o menino da rua. Ele espera o sinal fechar para os carros e se posta para fazer algum tipo de malabarismo. Seu objetivo é ganhar algum dinheiro. Ele conhece um colega que faz isso e ganha dinheiro. Ele o imita. Um dia se aproxima alguém mais velho e lhe diz que pode ganhar muito mais dinheiro se, em lugar de pedir, exigir. Explica-lhe como exigir, usando uma arma. O menino quer dinheiro. Ele tomará uma decisão: continuará pedindo, com as mãos livres, ou passará a exigir, com as mãos armadas? Desejar o dinheiro não é errado. Errado pode ser a forma de obtê-lo.

**4. Procure realizar os bons desejos.**
O nosso Deus não é contra os desejos. Ele sabe que *a esperança que se adia faz adoecer o coração, mas o desejo cumprido é árvore de vida* (Pv 13.12).

Há desejos legítimos, que são aqueles que temos quando andamos com Deus.

Como saber quais são legítimos, se somos seres corrompidos pelo pecado?

Para nos ajudar na decisão, temos a perfeita lei de Deus, codificada na Bíblia, e temos as leis dos homens,

CUIDE DOS SEUS DESEJOS 161

sedimentadas em códigos. Todos nos deixam seus "sim" e seus "não". Precisamos conhecer essas leis.

Desejos vêm e vão. Os bons devem se tornar projetos claros, que demandarão esforço em sua obtenção. Uns são realizados no curto prazo, mas outros são para a vida toda. Deseje bem. Deseje com Deus.

Esforce-se bastante, mas não fira as leis de Deus, as quais você deve carregar debaixo do braço como guia do usuário oferecido por um amigo.

**5. Cuide de quem você ama.**

O sétimo mandamento nos chama a cuidar das pessoas a quem dizemos amar. Não as traiamos. Não as usemos. Não as exploremos. Não as ignoremos. Não as dominemos. Não as manipulemos em benefício da nossa própria satisfação. "As pessoas não são brinquedos ou troféus a ser colecionados e abandonados. As pessoas a quem amamos são aquelas com quem temos um compromisso de vida, confiamos nosso futuro e compartilhamos nosso coração para que nós e elas cresçamos plenamente como pessoas que se amam."[15]

**6. Negue as mentiras.**

Desde a infância, somos cercados por mentiras. Até hoje mentem para nós.

Na maioria das vezes, as pessoas mentem para justificar seus fracassos.

O adúltero mente quando diz que traiu porque sua vida conjugal estava monótona. Ele fracassou em tornar

---

[15] CHITTISTER, Joan, op. cit., posição 815.

## 162 OS DEZ MANDAMENTOS

sua vida dinâmica e culpou a monotonia, como se a monotonia não fosse o resultado de suas ações.

O adúltero mente quando diz que trai porque todos traem. Primeiro, nem todos traem. Segundo, ele é o único responsável por ter traído, mais ninguém. O adúltero mente quando diz que não pode reprimir seus desejos. Ele ouve a mentira ("não se reprima") e a toma como verdade. Ele é o protagonista de sua história, não o autor primeiro da mentira. Será dele o prejuízo, não do conselheiro.

Negue as mentiras que lhe foram ditas, como aquela que adultera a sua verdadeira identidade (a de amado por Deus), ao lhe dizer que você atrapalhou a vida dos seus pais quando nasceu.

Negue as mentiras que lhe são ditas, como a que "o importante é ser feliz, não importa o preço". Não há prêmio que compense o preço do adultério.

### 7. Lembre-se dos seus compromissos.

Quando se comprometeu a amar alguém, você não foi obrigado a fazê-lo. Foi por amar que prometeu amar, sendo fiel e companheiro. Seu compromisso de amar nasceu do desejo de continuar amando.

O amor se apoia no compromisso. Seu propósito é servir, satisfazer e suprir a pessoa amada.[16] Não nos comprometemos para ser servidos, satisfeitos e supridos. O adultério vem quando achamos que não estamos sendo servidos, satisfeitos e supridos. O adultério é uma inversão do desejo que nos levou a formular o compromisso.

---

[16] MEHL, Ron. *A ternura dos Dez Mandamentos*. São Paulo: Quadrangular, 2000, p. 162.

CUIDE DOS SEUS DESEJOS 163

O problema do ser humano é achar que a vida é uma caça ao tesouro. A amizade acaba quando a recompensa que era buscada não é dada. A amizade que acaba não era amizade.

**8. Vigie os desejos que destroem.** Como os desejos vêm da nossa biologia, da nossa cultura e dos eventos de que participamos, eles são muito sutis. Como uma guarda da fronteira, precisamos enxergar longe, deixando que se aproximem os bons desejos e afastando os ruins. Na família, aprendemos, com ou sem palavras, a promover as pessoas. E na família aprendemos a competir uns com os outros. Os pais podem disputar quem traz mais dinheiro para casa ou quem é mais inteligente. Os filhos, possivelmente, serão egoístas e insuportáveis em sua arrogância. Quem de nós não teve em sua família um parente que se considerava desprezado. Convivi desde cedo com um tio, pouco mais velho que eu, a quem meu avô — assim achávamos — dava tudo. Um dia ele saiu de casa e veio parar na nossa, em outra cidade. Andei com ele pela cidade e fiquei sabendo que ele achava que era melhor morrer, porque seu pai não lhe dava atenção e não o amava. Talvez meu avô nunca lhe tivesse dito que o amava, e isso fez desenvolver a convicção — que meus outros tios não tinham — de que ele não era amado. Ele queria ser aceito afirmando-se como fraco.

Não deixe que os desejos ruins prosperem. Não seja vítima deles. Estude o seu passado. Construa o seu futuro.

164 OS DEZ MANDAMENTOS

## 9. Negue a si mesmo.

Como me escreveu um jovem advogado, devemos ter em mente que:

adulteramos quando trocamos a segurança que Deus nos dá pela "segurança" do mundo que se baseia em riqueza e bens materiais. Adulteramos quando deixamos os princípios de Deus e, visando colher os frutos deste mundo, aceitamos e agimos conforme os princípios deste mundo (corrupção, desonestidade, imoralidade). Adulteramos quando trocamos nossa fé pela crença no consumismo e no utilitarismo. Adulteramos quando buscamos o Deus abençoador não porque ele é o grande Eu Sou, mas sim pelas bênçãos que pode nos dar, invertendo assim nossa busca daquele que nos abençoa pelas bênçãos que podemos receber. Adulteramos quando deixamos de fazer a vontade de Deus e fazemos só as nossas vontades. Adulteramos quando não nos negamos a nós mesmos (Marcos Heleno Lopes).

## 10. Seja fiel aos desejos bons.

O sétimo mandamento, como os demais, é um bom desejo de Deus para nós. Ser fiel deve ser o nosso desejo também.

Com o *Não adulterarás*, Deus "quer evitar que sejamos frustrados com a ilusão de viver em função de instintos e sem provar a bênção que é ter uma família que se desenvolve em clima de amor e de confiança".[17]

---

[17] COELHO FILHO, Isaltino Gomes. *A atualidade dos Dez Mandamentos*. São Paulo: Exodus, 1997, p. 101.

CUIDE DOS SEUS DESEJOS 165

## HORA DE PRATICAR

1. Qual é o maior desejo da sua vida, em torno do qual tem reunido todas as suas forças?
2. Que desejos você tem acolhido no seu coração e que não são legítimos? O que tem feito para eles não dominarem você? Não se esqueça de que *cada um é tentado pelo próprio mau desejo, sendo por este arrastado e seduzido* (Tg 1.14, NVI).
3. Como tem chamado Deus para pastorear a sua vida, de modo que leve você a desejar as coisas que são do alto? Ore assim: "Eu me deleitarei no Senhor, esperando que ele atenda aos legítimos desejos do meu coração" (cf. Sl 37.4).
4. Quais têm sido os resultados, positivos e negativos, na busca pela satisfação dos seus desejos? Tenha em mente que o desejo, *tendo concebido, dá à luz o pecado, e o pecado, após ter se consumado, gera a morte* (Tg 1.15, NVI).
5. O que você decide fazer com seus desejos?
6. O que você fará para realizar os bons desejos e se afastar dos ruins?

Você quer se casar? Seja fiel ao seu desejo, mesmo que o projeto pareça impossível.

Você quer continuar casado? Seja fiel ao seu desejo, mesmo que surjam outros desejos.

Você quer valorizar seus amigos? Seja fiel ao seu desejo, mesmo que eles falhem.

Você quer ser honesto em tudo o que faz? Seja fiel ao seu desejo, mesmo que viva num meio corrupto. Você quer amar a Deus acima de todas as coisas? Seja fiel ao seu desejo, mesmo que a resposta dele o surpreenda. Você quer ser generoso? Seja fiel ao seu desejo, mesmo que seu egoísmo grite. Você quer ser equilibrado? Seja fiel ao seu desejo, mesmo que suas emoções se agitem. Você quer ser fiel? Seja fiel.

Pastoreie suas emoções.

Cuide dos seus desejos.

Cultive bons desejos.

# Vigie o seu caráter

*Não furtarás.*
Êxodo 20.15

"Há um outro tipo de roubo sobre o qual não falamos. É quando temos mais do que precisamos e nada damos aos que nada têm. É o roubo que acontece quando consumimos, controlamos e acumulamos. Estamos diante de um individualismo inflexível. Não nos deixemos enganar: trata-se de glutonaria espiritual."

Joan Chittister

Uma senhora caiu num supermercado. Machucou-se. Perdeu dinheiro porque deixou de trabalhar. Precisou fazer fisioterapia, bancada pelo plano de saúde. Ficou boa. Algum tempo depois, uma pessoa amiga lhe disse:

— Você tem direito a uma indenização. O supermercado é responsável pela sua segurança na loja.

— Mas eu nem sei como caí, se foi culpa do supermercado.

— Não interessa. Entre na justiça.

A senhora concordou. O processo andou. Perto da audiência, ela se sentiu incomodada. Procurou um pastor, que lhe disse:

168 OS DEZ MANDAMENTOS

— Talvez a justiça lhe dê ganho de causa. Pode ser legal a sua vitória, mas será moral? O supermercado teve alguma responsabilidade: o chão estava molhado, tinha algum objeto no corredor?

— Acho que não. Quando me vi, estava no chão. Eu me levantei e fui para casa. Depois, comecei a sentir dores e procurei um hospital.

— A decisão é sua — concluiu o pastor.

A mulher compareceu à audiência e abriu mão dos eventuais direitos. Ela não se arrependeu, porque achou que fez o que era certo.

Se continuasse no processo, poderia apenas levar vantagem, tirando proveito da lei, tomando um dinheiro a que não tinha direito. Estaria furtando.

## Nem sempre a sabedoria popular é sábia

Furtar é, na Bíblia, um verbo para a ação cometida por quem se apropria daquilo que pertence a outro. Na legislação, quando o ato é cometido com o uso da força, é tipificado como roubo.

As pessoas em geral não fazem distinção entre furtar e roubar. Fazem bem. No fundo, é o mesmo erro. A forma (com força física ou não, secretamente ou às claras) não altera o sentido. O melhor que fazemos, portanto, é usar os verbos como sinônimos, porque o uso da força encontra variações que vão da violência física à sedução suave.

Devemos tomar cuidado com os valores que acabaram sendo consagrados nos ditados populares.

### 1. "Vergonha é roubar e não poder carregar"

Quando criança, uma pessoa foi surpreendida perto da linha do trem com o produto de seu roubo. Intrigou-me ouvir, talvez em tom de pilhéria, que "pecado é roubar e não poder carregar". O ditado continua, ora tendo somo sujeito o "pecado", ora a "vergonha". Com isso, pressupõe-se que o pecado se consuma quando é descoberto. Quem se apropria do que é do outro sem ser percebido é visto como esperto. Não: é vergonhoso roubar, até mesmo para matar a fome de um filho, se for o caso. O ladrão pode ser até absolvido, em nome do império da necessidade, mas, se for digno, terá vergonha.

Ficou famoso o caso de Ronald Biggs, que, tendo assaltado cinematograficamente um trem pagador inglês, fugiu para diferentes lugares, vindo parar no Brasil, onde viveu da sua fortuna roubada, sem ser incomodado. No Rio de Janeiro, durante algum tempo, compravam-se camisetas e canecas com seu rosto. No final da vida, decidiu voltar à Inglaterra, num avião fretado por um jornal, em troca da exclusividade pela história. Preso, seus advogados tentaram soltá-lo, mas o governo britânico se recusou a fazê-lo, sob a justificativa de que Biggs não se arrependera. Só muito doente, foi liberto.

O tratamento dado ao ladrão inglês no Brasil ilustra o infeliz ditado.

## 2. "A ocasião faz o ladrão"

Tem razão o conselheiro Aires, personagem de *Esaú e Jacó*, de Machado de Assis: "Não é a ocasião que faz o ladrão [...]; o provérbio está errado. A forma exata deve ser esta: 'A ocasião faz o furto; o ladrão nasce feito'".[1]

---

[1] MACHADO DE ASSIS, Joaquim Maria. *Esaú e Jacó*. Várias edições, capítulo LXXV / PROVÉRBIO ERRADO.

## 170 OS DEZ MANDAMENTOS

A responsabilidade pelo roubo não é da circunstância ou de quem deixou a porta aberta; é de quem roubou.

O ditado contém também um preconceito: os pobres são levados a roubar por sua condição, o que não é verdade. O crime não tem a ver com necessidade, mas com honra.

### 3. "Achado não é roubado"

Desde criança ouvimos que "Achado não é roubado". Desde criança, então, o *Não furtarás* é relativizado em nossa mente. Podemos, assim, andar pelas ruas à espreita de algo perdido ou esquecido. Podemos até esperar por alguém que vá esquecer uma coisa, para tomá-la como nossa. O taxista pode torcer para que seu cliente esqueça algo ou pode conferir com ele se não deixou nada em seu veículo. É seu caráter que definirá sua atitude.

Os pais devem inspirar de outra forma. Se encontrar alguma coisa, deve deixar no lugar ou tudo fazer para que volte ao dono. Se um filho chega em casa com um objeto encontrado na escola ou em qualquer outro lugar, deve ser ensinado a devolver o mais rápido possível e a não pegá-lo. Como é aliviador a gente perder algo na rua, voltar e encontrar lá o que deixamos.

Melhor que "Achado não é roubado" é "O grande ladrão começa pelos dedais" ou "Ladrão de tostão, ladrão de milhão".

Um pai passou a enfrentar dificuldades com o filho, que chegava em casa com objetos encontrados na escola. Logo, o pai percebeu que o menino, talvez por lhe faltar o que seus colegas tinham, primeiro fabricava circunstância para pegar coisas e, depois, subtraía objetos por meio de estratégias diversas. O pai não descansou enquanto, mesmo envergonhado, seu filho não aprendeu a ser um homem de verdade e a viver de seu trabalho.

VIGIE O SEU CARÁTER 171

Os pais devem ser radicais, observando outros dois ditados populares, estes felizes: "Quem encobre ladrão é ladrão e meio" e "Tão ladrão é o que vai à horta como o que fica à porta". Quem se omite diante de um roubo é ladrão também. É forte a advertência da Bíblia: *O cúmplice do ladrão odeia a si mesmo* (Pv 29.24, NVI).

Como escreveu uma mãe e avó: "Na maioria dos casos, o furto começa a ser aprendido no lar. É consequência de falta de respeito, passa pelo amor não recebido, passeia pelo amor-próprio e é embalado pelo diabo, o pai da mentira" (Luíza).

**4. "Rouba, mas faz"**

Jovem, morava no Paraná, onde havia um governador com fama de corrupto. Seu nome era Moisés Lupion (1908-1991), que acabaria cassado como corrupto pelo regime militar, embora posteriormente inocentado pela justiça. No governo, era apreciado por parte da população, que dele dizia: "Ladrão por ladrão, Lupion é o bom".

O ditado era uma tácita aprovação ao governante que "rouba, mas faz". Pressupõe que todos roubam. Quem rouba e faz é melhor do que aquele que "apenas" rouba.

Os dois ditados mostram que o político é um reflexo da sociedade, que não pode aceitar como legítima a corrupção sob nenhuma circunstância.

**5. "Ladrão que rouba ladrão tem cem anos de perdão"**

O humor popular consagrou outros ditados, que acabam relevando ou mesmo incensando alguns tipos de ladrões:

172 OS DEZ MANDAMENTOS

"Ladrão que rouba ladrão tem cem anos de perdão". A frase tem variantes: "Quem engana ao ladrão, cem dias ganha de perdão" e "É bom ladrão quem rouba a ladrão". Diferentemente, ladrão que rouba ladrão é ladrão, não importa a quem tenha roubado.

## 6. "Acha o ladrão que todos o são"

Da sabedoria popular, um ditado vale a pena, por sua denúncia: "Acha o ladrão que todos o são".

O erro de muitos não justifica o de alguns. O ladrão não tem justificativa para seu crime, mesmo que viva no meio de ladrões.

Está errado o ladrão que acha que todos o são. Não é verdade. A maioria é honesta e, se alguém pretende ter algo em que se espelhar, deve ficar com a maioria, quando ela está certa.

## Modos de furtar

Não furtamos apenas quando retiramos um bem (objeto ou dinheiro) de alguém. Há outras formas de roubo, pelo que devemos estar sempre atentos.

Vejamos algumas:

1. **Rouba a empresa ou o chefe que trata mal seu empregado,** deixando de lhe pagar um salário digno ou tirando dele a oportunidade de crescer profissionalmente. O trabalhador merece seu trabalho (Lc 10.7).

2. **Rouba quem não fornece o serviço pelo qual foi pago.** Pode ser o prestador de serviços que deixa o trabalho pela metade, ou o funcionário que chega atrasado ou, mesmo presente, age com displicência ou

VIGIE O SEU CARÁTER 173

faz o que é alheio à sua tarefa, ou, ainda, trata mal os clientes, ou os colegas da empresa.

3. **Rouba quem recebe por um serviço pelo qual não paga,** seja luz, seja água, seja sinal de telecomunicação. Os chamados "gatos" são eufemismos que não podem esconder do que se tratam: roubos.

4. **Rouba quem frauda o Imposto de Renda.** O dinheiro recolhido, na fonte ou no ajuste, não torna digno o gesto de sonegar informações ou mentir para pagar menos imposto. A arena da luta contra a injustiça deve ser coletiva, não individual. Lesar a Receita Federal, na declaração ou na alfândega, é o mesmo que furtar.

5. **Rouba o governo quando não usa os impostos para os fins para os quais foram recolhidos.** Se esse imposto é alto, é furto, mesmo que bem empregado. Se é justo, mas mal empregado, é roubo.

6. **Rouba o empresário que não emite nota fiscal,** mesmo que seja para pagar salários melhores, caso houvesse essa hipótese. Mesmo que o imposto seja extorsivo, tem que ser pago. Se não o for, será roubo. O território para o enfrentamento da cupidez do Estado não é o do engano, mas o do debate político.

7. **Rouba quem destrói bens privados ou públicos,** como, por exemplo, a vidraça de uma loja, a catraca de um ônibus ou trem, o banheiro da escola ou da rodoviária, ou quem risca um automóvel e depreda uma calçada. O protesto de natureza política precisa encontrar outros meios de se realizar. A violência depredadora tem um preço que os mais pobres vão pagar. A ira contra a desigualdade precisa encontrar formas sábias de se expressar.

174 OS DEZ MANDAMENTOS

8. **Rouba quem picha um bem, seja ele público, seja privado, sem a devida autorização.** Não é obra digna do nome de arte a algaravia cometida com *spray* durante a madrugada, nem a mensagem clara deixada numa parede, se o proprietário não a autorizou ou solicitou. Uma instituição de ensino em São Paulo colocou uma nota em sua parede com o seguinte aviso: "Sr. Pichador. O dinheiro economizado com a manutenção das paredes é doado a uma instituição de caridade. Ajude-nos a mandar esta contribuição. Obrigado e que Deus o abençoe". Há anos o muro da propriedade está intacto.

9. **Rouba quem pede emprestado e não devolve,** seja um livro, seja uma caneta, seja um clipe ou um valor em dinheiro. Pouco importa se foi por desleixo ou por vontade expressa de se apropriar do bem do outro. Quem age desse modo rouba duas vezes: rouba o objeto e rouba a confiança do prejudicado em relação ao ser humano em geral. Quem empresta pode até esquecer, mas quem toma emprestado não pode fazê-lo.

10. **Rouba quem furta ideias.** O que pensamos vem das ideias dos outros, às quais precisamos sempre dar crédito. Roubar ideias é algo tão forte que mesmo as grandes empresas o fazem. Por essa razão, gigantes como a *Samsung* e a *Apple* estão sempre na justiça, uma acusando a outra de roubar patentes tecnológicas para seus futuros produtos. Roubar ideias é algo forte no mundo acadêmico, onde pessoas se dispõem, por preguiça ou por esperteza, a apresentar como suas as ideias dos outros, às vezes de colegas.

VIGIE O SEU CARÁTER 175

**11.** **Rouba quem, parcial ou integralmente, copia livro sem autorização expressa do autor e/ou editora ou quem distribui.** Na verdade, esse tipo de furto é cometido por uma quadrilha. Rouba o professor que providencia ou solicita as cópias. Rouba o profissional que faz as cópias. Rouba o aluno que recebe o material furtado. Rouba o internauta que distribui cópias piratas de obras que não estejam em domínio público. Eu recebo muitos *e-mails* com livros para abrir. São todos piratas. Não abro. Há *sites* especializados em preparar e distribuir produtos de roubo, alguns ainda disponíveis para venda.

Certa vez, um grupo da nossa igreja precisou de um livro para estudar. Como estava esgotado, pedi ao autor, que me mandou um PDF do livro, com a condição de que ficasse restrito ao grupo de estudo. O mesmo cuidado se aplica a filmes, músicas ou outros produtos que podem ser baixados. Há *sites* que vivem de distribuir produtos autorais piratas. São como o intermediário de cargas roubadas por criminosos armados.

**12.** **Rouba quem leva para casa os produtos de um caminhão que tombou na estrada.** Se a carga não for liberada, quem a leva é ladrão, tanto quanto quem porta um fuzil para intimidar o transportador.

**13.** **Rouba quem leva do hotel em que está hospedado objetos de uso exclusivo no local da hospedagem.** Há um *site* que periodicamente faz uma pesquisa para saber que nacionalidades mais furtam itens nos quartos de hotel. Segundo um levantamento em 28 países, a nacionalidade que mais respondeu "sim" à questão

176 OS DEZ MANDAMENTOS

é vizinha do Brasil: os argentinos. Cerca de 73% deles admitiram já ter furtado pelo menos um item de acomodação hoteleira. Em seguida, vêm os viajantes de Cingapura (71%), Espanha (70%), Alemanha (68%), Irlanda (67%), Rússia (59%), México (59%), Itália (57%), Japão (56%) e Estados Unidos (53%). O Brasil não aparece entre os dez mais. Entre os itens mais roubados estão roupões de banho, toalhas, os cartões de acesso ao quarto, revistas e objetos da mesa de escritório, como canetas e blocos de anotações. Até mesmo Bíblias são roubadas.[2]

14. **Rouba quem mente para obter desconto num ingresso para o cinema, por exemplo.** O cinema está sendo furtado, ao deixar de arrecadar. Roubam os que usam meias verdades ou mentiras inteiras para obter desconto de algum pagamento a ser feito, fingindo ser estudante (com carteira falsa) ou idoso. Roubam os que estacionam na vaga do deficiente ou do idoso, não o sendo. É alta a criatividade para inventar motivos na busca de vantagens indevidas.

15. **Rouba quem cola na escola.** Há um infeliz ditado que poderia ser apenas uma rima: "Quem não cola não sai da escola". Quem cola passa na prova, mas não passa na vida. Quem cola do colega está furtando o conhecimento do colega que estudou. A formação do colega será legítima; a de quem cola é falsa.

16. **Rouba quem propositadamente dá um troco a menos, mas rouba quem, recebendo a mais, não**

---

[2] Cf. os dados em ‹http://viagem.uol.com.br/noticias/2015/06/03/sabe-qual-e-a-nacionalidade-que-mais-rouba-itens-de-quartos-de-hotel-veja.htm›.

VIGIE O SEU CARÁTER 177

**o devolve.** Não importa se a vítima é o caixa ou o conglomerado empresarial em cuja loja ou agência o produto foi comprado ou o dinheiro foi recebido. Nesse caso, é bom nos lembrarmos do que fazemos quando descobrimos que fomos lesados, voluntariamente ou não: voltamos correndo para exigir o que é nosso. Da mesma forma, não resta ao profissional alternativa quando for apontada qualquer diferença em seu caixa: ele terá de arcar com o prejuízo, tirando do próprio salário.

17. **Rouba quem nega ao outro a oportunidade de se desenvolver como pessoa.** Rouba quem pode dar uma cesta de alimentos, mas não dá; pode dar uma bolsa de estudos, mas não dá; pode dar um abraço, mas não dá; pode dar uma muda de roupa, mas não dá; pode perdoar, mas não perdoa. Quem pode fazer o bem e não o faz é ladrão, porque tira do outro a oportunidade de um pouco de qualidade de vida. *Comete pecado a pessoa que sabe fazer o bem e não faz* (Tg 4.17, NTLH). Pensando em termos estruturais, "não podemos achar que não somos uma nação de ladrões, enquanto insistirmos numa sociedade onde alguém tenha que roubar para comer".[3]

18. **Rouba quem guarda coisas pessoais, mas não as usa nem doa.** Quem retém assim, furta do outro a possibilidade de usufruir objetos que seriam mais bem utilizados. "No sentido bíblico, roubar é um pecado individual e social. Reter uma coisa de que não

---

[3] CHITTISTER, Joan. *The Ten Commandments: laws of the heart*. Maryknoll, NY: Orbis, 2006, posição 979.

OS DEZ MANDAMENTOS

precisamos, destruir o que é útil para os outros ou privar a comunidade de suas necessidades básicas é furtar."[4] Quem não se envolve para que o evangelho de Jesus seja anunciado a outras pessoas, deixando, por exemplo, de entregar o dízimo, que beneficiará essas pessoas com tão poderosa mensagem, se omite, e quem se omite é ladrão. Sem dúvida alguma, "há um outro tipo de roubo sobre o qual não falamos. É quando temos mais do que precisamos e nada damos aos que nada têm. É o roubo que acontece quando consumimos, controlamos e acumulamos. Estamos diante de um individualismo inflexível. Não nos deixemos enganar: trata-se de glutonaria espiritual".[5]

Nessa cupidez, "roubamos a Deus quando fracassamos em atender às necessidades dos outros. Somos infiéis a Deus quando esbanjamos a nossa riqueza com nós mesmos".[6] Devemos usar nosso dinheiro para suprir os outros em suas necessidades. Fazemos isso quando descobrimos que a verdadeira felicidade está na comunhão com Deus, não na posse das coisas, por melhores que sejam.

19. **Rouba o cônjuge que, nos conflitos de separação, mente para negar os direitos dos outros,** às vezes, ou quase sempre, o de estar com o filho. Nesse caso, são várias as vítimas: o cônjuge ferido e também o filho, de quem é arrancado o privilégio de conviver com

---

[4] Ibid., posição 903.
[5] Ibid., posição 957.
[6] JACKSON, Dan. *It's a steal, but not a bargain.* Disponível em: ‹http://www.sermoncentral.com/sermons/its-a-steal-but-not-a-bargain-dan-jackson-sermon-on-commandments-steal-81340.asp?Page=5›.

VIGIE O SEU CARÁTER 179

um de seus pais. Rouba também o cônjuge que, unido ou separado, defrauda a imagem do outro diante do filho, ou que tira da criança a oportunidade de viver em harmonia com seus pais.

20. **Rouba quem abusa de alguém**, sexualmente, emocionalmente ou espiritualmente. O abuso furta do outro seu direito a uma existência digna. Como diz um antigo texto judaico, "O homem que rouba a confiança do outro é o pior dos ladrões".

21. **Rouba quem sequestra uma pessoa, ou um animal**, tornando-a refém para algum uso, seja a recompensa, seja a escravização para exploração da mão de obra, do corpo ou da mente. Os estudiosos nos informam que a ideia do sequestro faz parte intrínseca do *Não furtarás*, tanto que, mais adiante, o livro de Êxodo complementa: *Aquele que sequestrar alguém e vendê-lo ou for apanhado com ele em seu poder, terá que ser executado* (Êx 21.16).

22. **Rouba quem corrompe, como rouba quem se deixa corromper**. Numa cultura marcada pela relativização dos valores da honestidade, devemos saber que "aqueles que corrompem a mente das pessoas são tão maus quanto aqueles que roubam das pessoas" (Adlai E. Stevenson).

23. **Rouba quem se recusa a estudar**, quando pode estudar, o que o impede de crescer e se desenvolver. Há uma vida que o ladrão de si mesmo perde.

24. **Rouba quem, precisando fazer mudanças em sua vida, não as faz,** por medo, insegurança, superficialidade ou comodismo. Há muito para todos, mas nem todos o querem, a ponto de desejar o que é bom.

180  OS DEZ MANDAMENTOS

**25. Rouba quem se acomoda com o que é.** Como anotou
uma senhora,

Quando nos acomodamos e achamos que já atingimos
tudo quanto podíamos da sabedoria e da graça de Deus,
quando dizemos para nós mesmos que já crescemos suficientemente no conhecimento da Palavra, é aí então que
estamos nos furtando a cada dia do nosso próprio crescimento espiritual, privando-nos de conhecer um pouco
mais do amor de Cristo, roubando de nós mesmos as bênçãos provenientes do amor dele para conosco dia após
dia da nossa vida (Eloisa Dantas).

Como escreveu um jovem: "Não devemos furtar de
nós mesmos nosso tempo com Deus e o tempo que passamos ao pé da cruz. Não devemos furtar de nós mesmos os princípios de uma vida cristã saudável. Não
devemos furtar de nós mesmos a alegria da vida e de
viver" (Marcos Heleno Lopes).

**26. Rouba quem compra o que não precisa.** Um provérbio sueco lembra: "Quando você compra o que não
precisa, rouba de você mesmo".

**27. Rouba quem se deixa furtar pelo dinheiro.** Um pastor muito capaz na arte de falar começou a fazer uma
carreira paralela como palestrante. O sucesso foi tanto que tinha de recusar convites, que não faltavam. A
remuneração era alta, e o pastor começou a ganhar
muito dinheiro.

De repente, ele simplesmente parou de fazer palestras remuneradas em empresas. Perguntaram-lhe
a razão. Ele respondeu: "Eu me impus um limite. Eu

VIGIE O SEU CARÁTER 181

não poderia ganhar mais dinheiro fora da igreja do que dentro dela. E o dinheiro das palestras começou a superar meus honorários na igreja. Parei, antes que eu começasse a gostar e me apaixonar por dinheiro e perder a minha vocação".

Esse pastor ouviu o conselho do poeta bíblico: *Se as suas riquezas aumentam, não ponham nelas o coração* (Sl 62.10, NVI). Quando se torna dono do nosso coração, o dinheiro nos torna ladrões.

## Mantendo firme o nosso caráter

Uma das primeiras palavras que dizemos é "meu"/"minha". E nós a dizemos até de uma coisa que não nos pertence. Ter (dinheiro, coisas, pessoas) nos dá segurança. Por isso, nos esquecemos do absoluto divino *Não furtarás* para ter. E o desejo de ter pode corromper o caráter.

Diante do mandamento, percorremos os extremos: ou o negamos, ou buscamos segui-lo, vigiando para não furtar.

Na negação, podemos cometer uma ação direta: nós o rejeitamos como orientação de Deus para nós. Na negação, podemos cometer dois outros tipos de ações. Uma é relativizar o mandamento.

Como escreveu Laura Schlessinger,

A capacidade humana de racionalizar comportamentos permite às pessoas aplacar sua consciência procurando diminuir a aparente gravidade da ação. Ao racionalizar, as pessoas enganam a si mesmas, a ponto de achar que suas práticas não têm nada de errado. Quando se trata de roubar, as pessoas encontram muitas racionalizações para transformar seu comportamento em algo tolerável

OS DEZ MANDAMENTOS

ou, se não, aceitável, dizendo, por exemplo, "eu não sabia que era roubado".[7]

A outra atitude, muito próxima, é racionalizar a nossa conduta. Em lugar de dizer simplesmente que erramos, buscamos explicações. Num grande momento de cinismo, chegamos a dizer que "não prejudicamos ninguém". Quando erramos, sempre prejudicamos alguém, no mínimo a nós mesmos.

Em lugar de relativizar o oitavo mandamento, devemos mantê-lo como o que é: absoluto.

Todas as vezes que nos vemos relativizando o oitavo mandamento ou racionalizando quando o transgredimos, devemos recordar o sentimento que experimentamos quando somos roubados. Quando vítimas de um assalto, sentimo-nos impotentes diante do crime. Quando nos tiram algo, é como se parte de nós tivesse sido arrancada. Geralmente, ficamos com raiva, com muita raiva.

Como nos sentimos, quando emprestamos um livro, que não nos devolvem; quando esquecemos um objeto e ele desaparece de onde o deixamos; quando, numa prova, atrás de nós o colega quer surrupiar o nosso conhecimento; quando picham o muro da nossa casa; quando um colega apresenta ao chefe uma ideia que é nossa e é promovido? Nessas horas, não desejamos que o oitavo mandamento seja relativizado. Na nossa vez, devemos relativizá-lo?

Achamos, com razão, que quem age assim conosco não tem caráter. Furtar tem a ver com caráter. Precisamos vigiar o nosso caráter para não furtarmos.

---

[7] SCHLESSINGER, Laura C. *Los Diez Mandamientos*. Trad. Ana del Corral. New York: HarperCollins, 2006, edição eletrônica, posição 4343.

VIGIE O SEU CARÁTER 183

Devemos ser radicais. Devemos ser radicalmente íntegros.

Em lugar de roubar, devemos trabalhar. A recomendação bíblica é clara: *Aquele que furtava não furte mais; antes, trabalhe, fazendo com as próprias mãos o que é bom, para que tenha com que acudir ao necessitado* (Ef 4.28).

Se roubamos, devemos nos arrepender e parar de roubar. Quem trabalha menos do que o contratado deve parar de roubar. Quem paga pouco a seu empregado deve parar de roubar. Quem baixa música ilegalmente na internet deve parar de roubar. Quem roubou, além de parar, deve devolver o que tomou.

Um coração arrependido não devolve apenas o mesmo que tomou, mas quatro vezes mais, como Zaqueu (Lc 19.8). A lei do Antigo Testamento, no caso do roubo de um boi, jumento ou ovelha (os bens "roubáveis" na Antiguidade), previa a devolução em dobro (Êx 22.4).

## HORA DE PRATICAR

Precisamos de coragem para responder honestamente a perguntas incômodas. Eis algumas delas:

1. Você já roubou alguma vez?
   "Nos meus primeiros anos escolares, havia uma questão numa prova cuja resposta em não sabia. Era sobre a Batalha dos Guararapes. Não fui descoberto, mas, graças a Deus, minha consciência me descobriu. Foi um dos grandes momentos na minha vida. Nunca mais colei."

184 OS DEZ MANDAMENTOS

2. Que tentações você experimenta no desejo de obedecer ao *Não furtarás?* Tem vencido? Tem perdido? Não se esqueça de que *os tesouros de origem desonesta não servem para nada, mas a retidão livra da morte* (Pv 10.2, NVI). Talvez você não tenha cometido furtos "importantes", mas pode ser que furte tempo do seu trabalho, reproduza páginas de um livro que deveria comprar, fraude a verdade com um detalhe para obter uma promoção, omita uma informação à Receita Federal. São muitas as tentações.

3. Você tem pedido a Deus força renovada para viver uma vida inspirada por ele, não uma vida intoxicada pela idolatria do dinheiro? Em lugar de confiar no dinheiro, devemos confiar em Deus. Devemos partir do pressuposto de que ele é o verdadeiro dono de todas as coisas (Sl 24.1). Na hora de ganhar e usar o dinheiro, devemos ser responsáveis, tratando-o como sagrado. Podemos até não nos contentar com o que temos ou desejar ter mais, mas peçamos a Deus que o que ganharmos seja fruto do trabalho.

4. Com relação ao dinheiro, reflita na orientação que veio de John Wesley: "Ganhe o máximo que puder. Poupe o máximo que puder. Doe o máximo que puder".

5. Se tem roubado (dos outros, de você mesmo ou de Deus), seja o que for, decida parar agora. Se possível, restitua o que tirou do outro.

6. Todos podem obedecer ao oitavo mandamento. Temos que nos empenhar nesse itinerário.

# 9

# Valorize as pessoas

*Não dirás falso testemunho contra o teu próximo.*
ÊXODO 20.16

"O ladrão prostitui, com o roubo, as suas mãos.
O mentiroso, com a mentira, a própria boca,
a sua palavra e a sua consciência.
Os antigos enxergavam no mentiroso o mais vil
dos tarados morais."
RUI BARBOSA

Podemos entender os mandamentos sétimo (*Não adulterarás*), oitavo (*Não furtarás*), nono (*Não dirás falso testemunho*) e décimo (*Não cobiçarás*) como desdobramentos do sexto (*Não matarás*), porque adulterar, furtar, dizer falso testemunho e cobiçar são formas de matar.

Dar um falso testemunho sobre ou contra alguém é mentir. Nosso mundo está assentado sobre a mentira. É por isso que Jesus disse que o mundo jaz no Maligno, a quem ele chama de "pai da mentira".

Dos Dez Mandamentos, o nono é o mais relativizado. Segundo dados levantados nos EUA, 99% das pessoas admitem que não dizem sempre a verdade. Desses, 20%

186 OS DEZ MANDAMENTOS

confessam que não conseguem passar um dia sequer sem contar uma mentira.[1] Infelizmente, "a fofoca se difunde tanto e é tão comum que a maioria de nós mal percebe o grau em que ela existe em nossa sociedade".[2]

## O mundo da mentira

A mentira é filha da liberdade.

Somos pessoas livres, livres para pensar e livres para falar. Então, dizemos: "Eu tenho o direito de falar o que penso".

Somos partes de comunidades, organizações e empresas que gozam de liberdade para agir. Então, os meios de comunicação contam histórias que podem não ser reais sobre pessoas reais, e nós as lemos, e empresas anunciam qualidades inexistentes em produtos que compramos.

O problema, na verdade, começa quando, por causa do pecado, nossa individualidade cede ao individualismo e passamos a achar que o que é bom para nós é bom para os outros. Então, não nos preocupamos com o dano que nossas palavras podem produzir na vida dos outros.

A dificuldade continua quando usamos nossa liberdade de expressão para destruir reputações. Então, sem conferir, espalhamos informações sobre pessoas, informações que não podemos recolher.

A confusão aumenta quando valorizamos os nossos direitos acima dos nossos deveres. Então, reivindicamos

---

[1] Dados informados pelo jornal *The New York Times*, em 7.6.1996. Citado por SCHLESSINGER, Laura C. *Los Diez Mandamentos*. Trad. Ana del Corral. New York: HarperCollins, 2006, edição eletrônica, posição 4766.
[2] FELDER, Leonard. *Os dez desafios*. São Paulo: Cultrix, 1999, p. 161.

VALORIZE AS PESSOAS 187

que nossa privacidade seja preservada, mas invadimos a do outro.[3]
Se usamos bem a nossa liberdade, não ferimos o nono mandamento. Somos livres para falar a verdade. Somos livres para mentir.
De que mentira nos fala o nono mandamento? Rigorosamente, o mandamento nos remete a um tribunal, onde se espera que a testemunha conte a verdade sobre o que viu. O objetivo é que haja um julgamento justo, de modo que o inocente fique livre e o culpado pague pelo crime que cometeu. Um julgamento justo depende de testemunhas dignas.
Ampliamos o sentido do falso testemunho quando o tomamos também como o gesto, com ou sem palavras, que traz prejuízo ao outro.
Podemos mentir ao outro e mentir sobre o outro. Podemos mentir a nós mesmos.

**1. Mentindo ao outro**
A mentira mina a confiança e torna impossível o relacionamento sadio.
Há muitas formas de mentir ao outro.
Vejamos algumas:

1. Mentimos ao outro quando **dizemos algo que não é verdade.** Nós o sabemos, mas seguimos com nosso discurso para alcançar alguma finalidade que nos beneficia. Mentimos para convencer. Mentimos para vender um produto ruim ou caro. Mentimos para

[3] Parágrafo inspirado em SCHLESSINGER, op. cit., posição 4973.

188 OS DEZ MANDAMENTOS

trapacear. Mentimos para justificar uma falta no emprego, inventando uma história. Mentimos para conseguir um emprego, apresentando um documento falso ou preparando um currículo cheio de inverdades. Sabemos que a mentira tem pernas curtas, mas somos seduzidos pelo eventual benefício, esquecidos de que *suave é ao homem o pão ganho por fraude, mas depois a sua boca se encherá de pedrinhas de areia* (Pv 20.17).

2. Mentimos ao outro quando **omitimos uma informação** cujo desconhecimento lhe gera prejuízo. Somos tentados a omitir informações que tragam dano (como a notícia de uma enfermidade de prognóstico letal), mas devemos ser muito cuidadosos nessa decisão, que deve durar até podermos dizer a verdade.

Há algum tempo estive com um amigo, muito próximo, que estava em estágio terminal de câncer e o sabia. Num momento de delírio, no entanto, ele me disse que tinha certeza de que seria curado. Eu o abracei. Não tinha o direito de contradizê-lo. Desmenti-lo lhe traria dano e, pior ainda, eu não sabia que seu desejo não se confirmaria. Seu fim era previsível, mas quem pode ter certeza? Respeitei sua dor. Mesmo respeitando a dor do outro, devemos ser cuidadosos para não falar o que não acreditamos.

3. Mentimos ao outro quando **o rebaixamos com nossas palavras**, por exemplo com grosserias, porque o que lhe dizemos pode negar seus valores, salientar suas falhas e ignorar suas qualidades. Dizer que uma pessoa não presta é mentira. Ela tem valores, que não podem ser ignorados, sob pena de mentirmos.

VALORIZE AS PESSOAS 189

4. Mentimos ao outro quando **o desclassificamos numa discussão**, porque a verdade não aparece. Por vezes, quem concorda conosco é inteligente. No calor da hora, quem discorda de nós é alvo de impropérios que desclassificam a pessoa, passando longe da verdade sobre ela e sobre as coisas que diz. Podemos defender nossas ideias, sem desclassificar os que se opõem a elas.

5. Mentimos ao outro quando lhe **dirigimos um elogio falso**, seja com boa intenção, seja com propósito ruim (o que o leva a acreditar numa mentira a seu respeito). Quando exageramos, acrescentamos mentira à verdade. Devemos elogiar, e sempre há qualidades reais a serem exalçadas no outro. Afinal, *a língua mentirosa odeia aqueles a quem fere, e a boca lisonjeira provoca a ruína* (Pv 26.28, NVI).

6. Mentimos ao outro quando **contamos mentiras ditas brancas**, que são aquelas que não trazem aparente prejuízo. Acontece, por exemplo, quando alegamos uma dor de cabeça para não fazer algo que não queremos fazer. Vem à tona quando, estando em casa, mandamos dizer que não estamos a alguém que nos procura pessoalmente ou por telefone. Ocorre ainda quando agradecemos um presente que detestamos ou elogiamos uma comida da qual não gostamos. Mentimos quando dizemos que estamos sem dinheiro para não dar uma esmola ou fazer um empréstimo, ou inventamos uma desculpa falsa para nos esquivar de ser o fiador do aluguel de alguém. Em uma pesquisa feita com mil pessoas nos Estados Unidos, um terço considerou correto alegar uma doença para faltar ao

## 190 OS DEZ MANDAMENTOS

trabalho e um terço não viu nada demais em mentir sobre a própria idade.[4]

Talvez esse tipo de mentira não cause dano, mas é imoral porque é dita para nos beneficiar em algo, mesmo que discretamente. O problema é que essas falsidades são percebidas como tais e quem as conta acaba perdendo a credibilidade. Além disso, elas criam barreiras entre quem as conta e quem é vítima delas.[5] Consideremos que "aquele que mente sobre pequenas coisas mentirá também sobre as grandes" (Terry McAuliffe).[6]

7. Mentimos ao outro quando **manipulamos seus sentimentos**. Para alcançar nossos objetivos, manipulamos as pessoas e seus sentimentos. Dizemos palavras que o animam, mas nosso objetivo é obter algo. Elogiamos, mas não somos sinceros, porque nossa intenção é obter o favor de quem enaltecemos.

Através de atitudes e palavras, levamos pessoas a trabalhar para nós, mas fazemos que creiam que trabalham para elas mesmas. Quando manipulamos o outro, defraudamos.

## 2. Mentindo sobre o outro

Mentir ao outro demanda algum tipo de coragem ou cinismo, mas mentir sobre o outro é gesto de cinismo e covardia.

---

[4] *It's the Truth: Americans Conflicted about Lying.* Disponível em: ‹http://www.nbcnews.com/id/13819740/ns/us_news-life/t/its-truth-americans-conflicted-about-lying/#.VZcY_ruCOrU›.

[5] McAllister, Dawson. "Eight types of lies that people tell". Disponível em: ‹http://www.thehopeline.com/different-kinds-of-lies-you-tell/›.

[6] Colhido em ‹http://izquotes.com/quote/122402›

VALORIZE AS PESSOAS 191

Às vezes, mentimos para vencer. Ao mentir, ampliamos o ditado de Ésquilo, que disse que numa guerra a primeira vítima é a mentira. Na campanha eleitoral, por exemplo, a verdade é massacrada.

Há várias formas pelas quais mentimos sobre o outro.

1. Mentimos sobre o outro quando **espalhamos rumores** sobre ele. Uma reputação se faz com atos; uma reputação se destrói com boatos. Espalhar rumores é como matar, porque a vida de uma pessoa é sua credibilidade. Como aprendemos com os sábios da Bíblia, *o homem perverso provoca dissensão, e o que espalha boatos afasta bons amigos* (Pv 16.28).

2. Mentimos sobre o outro quando **passamos adiante qualquer informação, mesmo neutra, sem conferir a sua veracidade.** Eu estava falando a um grupo de pessoas e comentei: "Para o movimento homossexual, a Bíblia está superada".

Quando terminei de falar, uma pessoa pediu a palavra e me perguntou se eu achava que a Bíblia estava com seu prazo de validade vencido quanto à questão homossexual. Repeti o que dissera.

Então, fiquei sabendo que, imediatamente após a minha frase, um participante postou o seguinte comentário numa rede social: "Israel acaba de dizer que a Bíblia está superada na questão homossexual".

Como foi tudo muito rápido, o emissor da nota pôde postar o que eu não dissera e o que ele informou que eu havia dito.

## OS DEZ MANDAMENTOS

No entanto, nem sempre dá tempo de reparar o dano. Precisamos conferir antes de espalhar.

3. Mentimos sobre o outro quando **passamos adiante uma informação de segunda ou terceira mão sem o consentimento prévio de quem ouve e de quem se fala.** O comentário pode ser verdadeiro, parcialmente verdadeiro ou completamente falso. Pode ser motivado por boas intenções, mas contém sempre uma informação pessoal que deixa o outro em dificuldade.[7]

4. Mentimos sobre o outro quando **deixamos no ar uma suspeita sobre ele.**

5. Mentimos sobre o outro quando o **caluniamos**, inventando informações parciais ou completamente falsas a seu respeito.

A calúnia é também uma forma de homicídio. Ela é filha da inveja; por não lidar com o sucesso do outro, o invejoso busca eliminá-lo inventando uma mentira sobre ele. A calúnia pode ser uma forma de vingança contra alguém que fez o mal; não podendo ele ser combatido com a verdade, tenta-se destruí-lo com a mentira. A calúnia pode ser simplesmente uma companheira da humana tendência de fazer o mal.

O preconceito, seja qual for o sujeito atacado, é uma das piores formas de calúnia, porque se generaliza. Na verdade, ele começa generalizando e fere no particular.

6. Mentimos sobre o outro quando **quebramos nossos compromissos.**

---

[7] ZENS, Jon. *Have You Heard...? The plague of gossip in the body of Christ.* Disponível em: <http://searchingtogether.org/articles/gossip.htm>.

VALORIZE AS PESSOAS 193

Uma das formas de mentir é quebrar compromissos assumidos. Um compromisso rompido é especialmente deletério quando a pessoa que o fez não tinha a intenção de cumpri-lo quando o formulou. Compromissos rompidos podem resultar em vidas quebradas, porque a vítima perde a confiança e a esperança. Pensemos na noiva ou na esposa que ouviu uma promessa que é quebrada pela mentira, a pior delas, a infidelidade.[8]

7. Mentimos sobre o outro quando **plagiamos uma ideia ou uma obra.**

O plágio é forma de furtar e mentir. Podemos copiar trechos de livros ou de artigos. O famoso "corta e cola" sem os devidos créditos é inimigo da ciência e da moralidade. Na verdade, o plágio é uma mentira que alcança três direções: quando plagiamos, mentimos a nós mesmos, mostrando uma competência que não temos. Quando plagiamos, mentimos ao outro, levando-o a crer que fizemos o que não fizemos. Quando plagiamos, mentimos sobre nós, apresentando o que não somos.

### 3. Mentindo a nós mesmos

As principais vítimas das nossas mentiras somos nós mesmos.[9]

1. Mentimos a nós mesmos quando dizemos que **não somos pessoas capazes,** como se não tivéssemos valor.

---

[8] McALLISTER, Dawson. *Eight types of lies that people tell.* Disponível em: <http://www.thehopeline.com/different-kinds-of-lies-you-tell/>.
[9] FELDER, Leonard, op. cit., p. 161.

194 OS DEZ MANDAMENTOS

Nunca inventamos esse tipo de mentira. Nós a ouvimos e acreditamos nela. A partir daí, passamos a repeti-la como verdade; verdade que nos impede de viver de modo digno.

2. Mentimos a nós mesmos quando **nos apresentamos como melhores do que somos**. Não somos perfeitos. No sentido bíblico, estamos a caminho da perfeição, meta necessária para agora, mas inatingível agora. Nossa fraqueza, por vezes, é demonstrada em gritos de força, por meio de gestos arrogantes e palavras ameaçadoras. A verdade, por trás da máscara de força, é a fraqueza.

3. Mentimos a nós mesmos quando afirmamos que **nossos defeitos não podem ser corrigidos**. Trata-se de uma desculpa para não nos pormos no itinerário da mudança. Dizemos que nascemos assim e vamos morrer assim. É provável, mas não é necessário que morramos assim. Dói mudar, mas dói muito mais não mudar. Quando nos dispomos a mudar o que precisa ser mudado, podemos ter retirada parte da nossa carne, mas salvamos o corpo inteiro.

4. Mentimos a nós mesmos quando **damos desculpas falsas para nossas atitudes**. Como temos dificuldade em conviver com nossos fracassos, arrumamos desculpas para eles, em lugar de assumi-los como partes de nós, mesmo que indesejáveis. Temos um vício e dizemos a nós mesmos que vamos deixá-lo na hora em que quisermos. Somos grosseiros, mas dizemos que somos suaves.

VALORIZE AS PESSOAS 195

Somos egoístas, mas acreditamos que somos generosos.

Erramos e dizemos a nós mesmos que a culpa é de outra pessoa.

Atribuímos nossos defeitos aos nossos antepassados, como se a nossa vida hoje não nos pertencesse.

5. **Mentimos a nós mesmos quando nos omitimos.**
Dizemos a nós mesmos que a injustiça cometida contra os outros não nos diz respeito. Diante da crueldade imputada contra terceiros, nós nos calamos, achando que não é nossa tarefa levantar as mãos.

Por isso, "as mentiras mais cruéis geralmente são ditas com silêncio" (Adlai Stevenson).[10]

6. **Mentimos a nós mesmos quando ouvimos a voz do medo.**
Quando temos medo, acreditamos numa mentira. O medo é contra a nossa razão. Temos medo do escuro, mas sabemos que não existe fantasma. Temos medo de viajar de avião, embora nossa razão diga que é um meio seguro. Temos medo de passear pela multidão, mesmo sabendo que ela nos ignora. Temos medo do futuro, embora só o presente possa nos atacar.

7. **Mentimos a nós mesmos quando a compulsão por mentir nos domina.**
Em alguns casos, podemos nos tornar mentirosos compulsivos.

A mentira compulsiva é geralmente causada por uma autoestima baixa ou por uma necessidade de

---

[10] Citado por HACALA, Sara. *Saving civility.* Woodstock, Vermont: Skylight Paths, 2011, p. 89.

OS DEZ MANDAMENTOS

atenção. Na verdade, o mentiroso compulsivo percebe seu problema, mas não consegue parar. Ele tende a contar suas mentiras mesmo quando falar a verdade é mais fácil e melhor.[11]

Muitas mentiras são tridimensionais. Ao mesmo tempo, mentimos aos outros, sobre os outros e a nós mesmos. É o caso do preconceito. Quando proferimos estereótipos, mentimos para nós mesmos que o que dizemos sobre alguém é verdade; somos capazes de maltratar e matar por causa do preconceito. Quando caímos na vala de generalizar sobre os outros, mentimos sobre os outros, sem lhes dar a oportunidade de nos desmentir, já que mantemos distância deles, a fim de manter a nossa imaginária superioridade. Quando o preconceito nos domina, mentimos ao outro, xingando-o, humilhando-o, rebaixando-o.

## Roteiro do bem dizer

Na linguagem poética de Provérbios, de sete coisas abomináveis, três têm a ver com o nono mandamento:

> Há seis coisas que o SENHOR odeia,
> sete coisas que ele detesta:
> olhos altivos, LÍNGUA MENTIROSA,
> mãos que derramam sangue inocente,
> coração que traça planos perversos,
> *pés que se apressam para fazer o mal,*

---

[11] McALLISTER, Dawson. "Eight Types of Lies that People Tell". Disponível em: <http://www.thehopeline.com/different-kinds-of-lies-you-tell/>.

VALORIZE AS PESSOAS 197

*A TESTEMUNHA FALSA QUE ESPALHA MENTIRAS*
*e aquele que provoca* DISCÓRDIA *entre irmãos.*
(Pv 6.16-19, NVI).

Lembre-se de que "as palavras têm consequências. Se você as usa para ferir as pessoas, as vítimas encontrarão uma maneira de ferir você".[12] Avalie suas palavras. Elas pesam. Na caminhada da verdade, estimula-nos saber que *o* SENHOR *odeia os lábios mentirosos, mas se deleita com os que falam a verdade* (Pv 12.22, NVI). Diante do perigo da mentira, a obediência ao nono mandamento deve nos desafiar:

**1. Confira o que você pensa das pessoas.**

Cuide preventivamente de suas atitudes, para que não o levem a produzir testemunhos falsos contra os outros ou sobre os outros. Assim, evite:

- Suspeitar dos outros, pensando o pior sobre eles;
- Estar amargo para com os outros;
- Ter raiva, inveja ou ciúme dos outros;
- Recusar amizade a quem se arrependeu;
- Insistir nos erros passados dos outros;
- Basear juízos sobre os outros em percepções que não foram conferidas;
- Julgar os outros por atitude que você mesmo comete;
- Desejar ser o Espírito Santo para os outros;

---

[12] TELUSHKIN, Joseph. *Words that hurt, words that heal: how to choose words wisely and well.* New York: HarperCollins, 2010, p. 89.

198 OS DEZ MANDAMENTOS

- Usar os outros como bodes expiatórios;
- Derrubar os outros para parecer melhor do que eles.[13]

A conclusão é que quanto mais você se importa com alguma coisa, mais atenção presta e, quanto mais atenção presta, mais você se importa. A atenção está entrelaçada com o amor.[14] Bem dizer sobre o outro começa com o bem pensar sobre o outro.

## 2. Fale a verdade para você mesmo.

Em *Os irmãos Karamazov*, um dos personagens de Dostoievski diz: "Acima de tudo, não minta a você mesmo. O homem que mente a si mesmo e ouve a sua própria mentira acaba por não mais perceber a verdade dentro dele ou ao seu redor, perdendo assim todo o respeito por si mesmo e pelos outros. Quem perde o respeito por si mesmo para de amar". Devemos saber que "quando começamos a ser honestos com nós mesmos, nos sentimos desconfortáveis. Somos confrontados com uma escolha: mudar ou não mudar. Quanto mais honestos somos com nós mesmos, mais responsáveis somos por nossas escolhas".[15]

## 3. Julgue depois de julgar a si mesmo.

Podemos e devemos denunciar o erro dos outros, prevenir o crime e tornar melhor a comunidade em que

---

[13] Lista reorganizada a partir de FISHER, Marsha. *Accusation*, Be In Health Conference, April 29, 2008, Thomaston GA. Disponível em: <http://searchingtogether.org/articles/gossip.htm>.
[14] GOLEMAN, Daniel. *Foco*. Trad. Cassia Zanon. Rio de Janeiro: Objetiva, 2013, posição 2037.
[15] WARREN, Cortney S. *Lies we tell uurselves: the psychology of self-deception*. Sevierville, TN: Insight, 2014, p. 42.

VALORIZE AS PESSOAS 199

vivemos. Podemos e devemos fazer uma denúncia anônima, por exemplo, se tivermos certeza da informação a ser prestada e se visamos o bem comum, mesmo contra um indivíduo. As denúncias de comportamentos indevidos devem ser feitas por meio dos canais próprios para isso. Nesse caso, precisamos entender bem o sentido da declaração de Jesus sobre o julgamento dos outros. Ele disse: *Não julguem, e vocês não serão julgados. Não condenem, e não serão condenados. Perdoem, e serão perdoados. Deem, e lhes será dado: uma boa medida, calcada, sacudida e transbordante será dada a vocês. Pois a medida que usarem também será usada para medir vocês* (Lc 6.37,38, NVI).

O psiquiatra Scott Peck escreveu que "não podemos viver uma vida decente sem emitir julgamentos em geral e julgamentos morais em particular". Na verdade, "passamos o dia tomando decisões que são julgamentos, e a maioria deles tem implicações morais. Não podemos nos abster de julgar". A declaração de Jesus anteriormente citada é usada fora do contexto. Quando lemos o que vem a seguir, aprendemos que "devemos nos julgar antes de julgar os outros". Assim, reconhecendo a malignidade humana, Jesus nos instrui a que nos purifiquemos antes de emitir juízos sobre os outros.[16]

Além disso, nosso julgamento deve ter a finalidade de curar. Se julgamos para aumentar a nossa autoestima ou o nosso orgulho, nosso propósito é maligno.[17] Se realmente for para o bem do outro, podemos julgá-lo, sem desobedecer ao nono mandamento. Todo cuidado é necessário

---

[16] PECK, M. Scott. *O povo da mentira.* Trad. Maria Regina. Rio de Janeiro: Imago, 1992.
[17] Ibid., p. 309.

## OS DEZ MANDAMENTOS

para não enganarmos a nós mesmos quanto à nossa verdadeira intenção.

Julgar é bem diferente de falar mal. Falar mal é julgar do modo que Jesus condena, sem uma autoavaliação sobre os verdadeiros propósitos da fala. *Quem fala contra o seu irmão ou julga o seu irmão, com propósitos ruins, fala contra a Lei* [de Deus] *e a julga. Quando você julga a Lei, não a está cumprindo, mas está se colocando como juiz* (Tg 4.11, NVI).

**4. Trabalhe com informações de primeira mão.**
Duvide, até todas as provas em contrário, do que lhe dizem sobre alguém.

Pelo sim, pelo não, não acredite na fofoca. Dê ao acusado o benefício da dúvida.

Um bom padrão é sempre avaliar as pessoas pelas primeiras experiências de primeira mão que temos com elas, não com base em alguma coisa que nos contaram, "pela óbvia razão de que uma informação de segunda mão pode ser simplesmente falsa e indevida".[18]

Em 1752, um grupo de pessoas conhecidas como metodistas, lideradas por John Wesley, elaborou um pacto que ainda podemos perseguir como alvo:

1. Não ouviremos nem procuraremos saber de informações ruins a respeito uns dos outros.
2. Se ouvirmos algo mal sobre um de nós, não acreditaremos.
3. Tão logo seja possível, comunicaremos, oralmente ou por escrito, à parte acusada aquilo que ouvimos.

---

[18] ZENS, Jon. *Have you heard...? The plague of gossip in the body of Christ.* Disponível em: <http://searchingtogether.org/articles/gossip.htm>.

VALORIZE AS PESSOAS 201

4. Enquanto não tivermos feito isso, não comunicaremos a qualquer outra pessoa uma só sílaba do que ouvimos.

5. Depois de termos feito isso, não mais o mencionaremos a nenhuma outra pessoa.

6. **Não faremos exceção a nenhuma dessas regras,** a não ser que nos julguemos absolutamente obrigados, e assim mesmo só em público.

Quando ouvimos uma fofoca, devemos levar em conta as seguintes perguntas: "Eu gostaria que alguém falasse sobre mim desse jeito? Como minha família se sentiria nesta situação?".

**5. Seja suave, a começar com você.**

Falar mal dos outros é uma forma de crueldade para com nós mesmos. O psiquiatra Gerald May nos adverte com contundência:

> Em toda a minha experiência como psiquiatra e ser humano, a mais profunda e insidiosa patologia que constatei é a inacreditável dureza com que nos tratamos uns aos outros. Não sei de onde originalmente procede, mas sei que está no início de muitos de nossos problemas. Arrancamo-nos de um lado para o outro, desqualificamo-nos e nos empurramos e confinamos de maneiras que jamais empregaríamos para sujeitar qualquer animal. Somos sujeitos consentidos de nossos próprios maus-tratos.[19]

[19] MAY, Gerald. *Simplesmente são: a espiritualidade da saúde mental.* Rio de Janeiro: Paulus, 1998, p. 203.

## 202 OS DEZ MANDAMENTOS

May está certo de uma coisa: "Quanto mais cruéis somos contra nós mesmos, mais provável é ser maldoso com outros". Por isso, sugere que "se queremos levar uma vida com mais amor, é preciso indiscutivelmente sermos muito mais delicados com nós mesmos".[20]

### 6. Seja elegante quando discordar.

As palavras têm temperatura.

Às vezes, estão com febre.

Como as ideias circulam, nós as escutamos. Ao ouvi-las, aceitamos algumas com as quais estejamos de acordo e rejeitamos outras, por estarem distantes do que pensamos.

Quando as ideias circulam, aplaudimos umas, como se as tivéssemos pensado, e discordamos de outras, que julgamos impróprias, impertinentes, inadequadas, infelizes, injuriosas.

Diante das ideias que não aprovamos, é que a febre pode vir, revelando a nossa enfermidade.

Em lugar de apenas apor nosso selo de rejeição, nós partimos para o debate, o que é muito salutar. Ideias devem ser partilhadas e compartilhadas, ideias devem ser debatidas e combatidas. O processo aplica-se às nossas ideias e às ideias dos outros.

Diante das ideias dos outros, devemos argumentar, como aceitamos que façam quando esposamos as nossas perspectivas.

Não precisamos atacar o emissor das ideias com as quais não concordamos. Por mais absurdo que nos soe o que alguém nos diz, devemos combater o que foi dito, não

---

[20] MAY, Gerald, op. cit., p. 203.

quem o disse. As ideias merecem adjetivos, não seus autores. Quando nos exaltamos e ofendemos aquele que se posta no campo oposto ao nosso, perdemos a razão que imaginamos ter.

E, se o outro lado se expressa com violência, lembremos de que nos tornamos iguais a quem combatemos se, por exemplo, apelamos para o xingamento.

No debate, nunca devemos deixar de lado o respeito pelo outro, mesmo quando profira palavras que nos pareçam absurdas.

No debate, sempre devemos tratar o outro como gostaríamos de ser tratados, mesmo quando estamos errados.

No debate, devemos também considerar que podemos trocar de lado, defendendo ideias hoje que ontem repudiávamos.

Desclassificar o outro nos desclassifica.

A razão não precisa ser gritada.

A verdade não precisa de palavrão.

Quando debatemos, precisamos prestar atenção no termômetro das nossas palavras.

Alguém dirá:

— Eu só falo a verdade.

A pergunta será:

— Com que intenção?

Como escreveu o poeta William Blake, "a verdade que é dita com má intenção supera todas as mentiras que se possa inventar".

## 7. Evite reproduzir generalizações sobre pessoas ou grupos.

É muito difícil alcançar todos os prejuízos dos preconceitos.

OS DEZ MANDAMENTOS

O nono mandamento nos desafia a refrear aqueles que espalham rumores ou preconceitos contra pessoas, que correm o risco de ser maltratadas,[21] até a morte, por outras.

Paremos com frases do tipo "os chineses são...", "os muçulmanos são...", "os pastores são...", "os adolescentes são..." Em todos os grupos humanos, há pessoas cuja história demonstra que são confiáveis e outras que não são. O resto é preconceito. O preconceito é sempre uma mentira. Precisamos questionar os estereótipos e os que estereotipam.

Lembremo-nos de como nos sentimos quando fomos as vítimas.

## 8. Radicalize: ponha fogo na informação que mancha a honra do outro.

Temos de radicalizar contra o que nos dizem de mal sobre os outros.

Enterre as informações sobre outras pessoas que chegaram ao seu conhecimento.

W. Tozer nos convida a radicalizar:

> Nunca passe adiante algo sobre alguém que possa feri-lo. *O amor cobre multidão de pecados* (1Pe 4.8). O mexeriqueiro não recebe o favor de Deus. Se você tem uma informação que vai manchar ou prejudicar a reputação de um dos filhos de Deus, enterre-a para sempre. Procure um pequeno jardim nos fundos do quintal e, quando alguém lhe trouxer uma história ruim, pegue-a e a enterre, com

---

[21] FELDER, Leonard, op. cit., p. 167.

VALORIZE AS PESSOAS 205

as seguintes palavras: "Aqui jaz em paz uma história sobre meu irmão".[22]

Em outras palavras, trate as coisas que lhe foram ditas como um segredo que lhe é confiado.[23]

Assim,

se numa conversa com uma pessoa, ela começa a proferir palavras que colocam outra em maus lençóis, temos o dever de interromper sua fala e exortá-la a falar diretamente com a pessoa que está criticando. Se um *e-mail* contendo maledicência nos é enviado, devemos descartar o conteúdo e pedir ao remetente para estar com aquele contra quem está falando. Em todas as circunstâncias, não devemos participar da fofoca; antes, devemos confrontar aqueles que a espalham.[24]

Deixe claro que você não aprecia fofoca.[25]

A razão é que o melhor patrimônio de uma pessoa é seu nome.

Em *Otelo*, de Shakespeare, Iago diz:

Um nome imaculado [...], para a mulher e o homem é a melhor joia da alma. Quem da bolsa me priva, rouba-me uma ninharia; é qualquer coisa, nada; pertenceu-me, é dele, escravo foi de mil pessoas. Mas quem do nome

---

[22] Tozer, A. W. *Five vows for spiritual power.* Disponível em: <http://www.neve-family.com/books/tozer/FiveVows.html>.
[23] Felder, Leonard, op. cit., p. 170.
[24] Zens, Jon. *Have you heard...? The plague of gossip in the body of Christ.* Disponível em: <http://searchingtogether.org/articles/gossip.htm>.
[25] Felder, Leonard, op. cit., p. 172.

206 OS DEZ MANDAMENTOS

honrado me espolia, me priva de algo que não o enrique-
ce, mas me deixa paupérrimo.[26]

É por isso que a Bíblia nos adverte: *As palavras do ca-
luniador são como petiscos deliciosos; descem saborosos até o
íntimo* [do homem] (Pv 26.22, NVI; cf. Pv 18.18); *Quem esconde
o ódio tem lábios mentirosos, e quem espalha calúnia é tolo*
(Pv 10.18, NVI).

## 9. Só diga do outro o que pode falar ao outro.

Em nossas conversas, ouvimos muitas coisas acerca de
outras pessoas. Umas são coisas boas. Outras são coisas
ruins. Quando as coisas são boas, nosso coração vibra.
Quando as coisas são ruins, nosso peito aperta. Nesses casos, além de ficarmos preocupados, há algo que devemos
fazer: conferir as informações.

Jesus deixou uma instrução que nos orienta nessa direção:

Se teu irmão pecar [contra ti], vai arguí-lo entre ti e ele
só. Se ele te ouvir, ganhaste a teu irmão. Se, porém, não
te ouvir, toma ainda contigo uma ou duas pessoas, para
que, pelo depoimento de duas ou três testemunhas, toda
palavra se estabeleça. E, se ele não os atender, dize-o à
igreja; e, se recusar ouvir também a igreja, considera-o
como gentio e publicano (Mt 18.15-17).

A primeira pessoa a saber que temos algo, próprio ou
de ouvir dizer, contra ela deve ser ela mesma. Antes de

---

[26] SHAKESPEARE, William. *Otelo.* Disponível em: <http://www.dominiopubli-
co.gov.br/download/texto/cv000084.pdf>.

VALORIZE AS PESSOAS 207

espalhar aquilo que ouvimos, devemos ir a ela e perguntar se aquilo que ouviu a seu respeito é verdadeiro. Vamos supor que esse cuidado não seja tomado. O que vai acontecer? Quando formos conferir e soubermos que as informações não têm fundamento, nada mais poderemos fazer para reparar o mal que fizemos. Já levamos nosso saco de penas para o monte e as lançamos lá de cima. Por mais que tentemos, não conseguiremos mais pegá-las todas. Tenhamos com os nossos irmãos o cuidado que gostaríamos que tivessem conosco. Antes de espalhar algo acerca do próximo, façamos todo o empenho para procurá-lo. Se o que sabemos é falso, ficamos com o nosso coração aliviado. Se for verdadeiro, devemos fazer tudo que estiver ao nosso alcance para ajudar em sua restauração.

**10. Fortaleça a vida na comunidade.**
Na busca da edificação mútua, devemos ter firme nas nossa mente que os nossos lábios desempenham um papel muito importante. Não devemos difamar ninguém (Tt 3.2). Por isso, nossas palavras devem ser cuidadosamente escolhidas e planejadas para construir, não para destruir (Ef 4.29; 5.4; Cl 3.8,16; Tg 3.10; 1Pe 4.11). Se nos mordemos e nos devoramos uns aos outros, acabamos por nos destruir mutuamente (Gl 5.15), e isso vale para a família, para a igreja, para organização e para a empresa.

Na vida em comunidade, *a língua tem poder sobre a vida e sobre a morte; os que gostam de usá-la comerão do seu fruto* (Pv 18.21, NVI).

Na verdade, *a língua é um fogo; é um mundo de iniquidade. Colocada entre os membros do nosso corpo, contamina a pessoa*

## 208 OS DEZ MANDAMENTOS

*por inteiro, incendeia todo o curso de sua vida, sendo ela mesma incendiada pelo inferno* (Tg 3.6, NVI).

Pensando em termos nacionais, precisamos de coragem para uma visão da política que valorize a verdade. Um governante faz pontes porque todos veem e votam nele; ele não faz saneamento básico porque ninguém vê, e isso não gera votos. Quem elege a mentira, ao privilegiar ações visíveis dos governantes, faz uma escolha errada.

O eleitor sabe que o político mente e prefere o que mente melhor. O eleitor tem o poder do voto e deve usá-lo. Um país não pode ser construído sobre a mentira, o que nos leva a prestar atenção ao poema de Affonso Romano de Sant'Anna.

Mentiram-me. Mentiram-me ontem
e hoje mentem novamente. Mentem
de corpo e alma, completamente.
E mentem de maneira tão pungente
que acho que mentem sinceramente.

Mentem, sobretudo, impune/mente.
Não mentem tristes. Alegremente
mentem. Mentem tão nacional/mente
que acham que mentindo história afora
vão enganar a morte eterna/mente.

Mentem. Mentem e calam. Mas suas frases
falam. E desfilam de tal modo nuas
que mesmo um cego pode ver
a verdade em trapos pelas ruas.

Sei que a verdade é difícil
e para alguns é cara e escura.
Mas não se chega à verdade
pela mentira, nem à democracia
pela ditadura.

Evidente/mente a crer
nos que me mentem
uma flor nasceu em Hiroshima
e em Auschwitz havia um circo
permanente.

Mentem. Mentem caricaturalmente.
Mentem como a careca
mente ao pente,
mentem como a dentadura
mente ao dente,
mentem como a carroça
à besta em frente,
mentem como a doença
ao doente,
mentem clara/mente
como o espelho transparente.

Mentem deslavadamente,
como nenhuma lavadeira mente
ao ver a nódoa sobre o linho. Mentem
com a cara limpa e nas mãos
o sangue quente. Mentem
ardente/mente como um doente
em seus instantes de febre. Mentem

## 210 OS DEZ MANDAMENTOS

fabulosa/mente como o caçador que quer passar
gato por lebre. E nessa trilha de mentiras
a caça é que caça o caçador
com a armadilha.
E assim cada qual
mente industrial/mente,
mente partidária/mente,
mente incivil/mente,
mente tropical/mente,
mente incontinente/mente,
mente hereditária/mente,
mente, mente, mente.
E de tanto mentir tão brava/mente
constroem um país
de mentira — diaria/mente.[27]

## Valorize as pessoas

Como sabemos, "a fofoca sempre procura as faltas de
pessoas; ela é como a mosca que sempre pousa no lugar
sujo. Se um homem tem furúnculos, a mosca ignorará o
resto do corpo e vai se assentar no furúnculo. Assim é
com a fofoca. Ela vê todo o bem de um homem, mas só
fala do mal".[28]

Se não houver algo bom a falar sobre uma pessoa,
você não precisa fazê-lo. As verdades em geral vêm à
tona por si mesmas, e você não tem de ficar com o ônus de
ter posto o tema na mesa. Se alguém é desonesto, não há

---

[27] SANT'ANNA, Affonso Romano de. *A implosão da mentira*. Disponível em:
<http://www.releituras.com/arsant_implosao.asp>, onde pode ser lido
na íntegra.
[28] TELUSHKIN, Joseph, op. cit., p. 12.

VALORIZE AS PESSOAS 211

por que você ser o algoz. Há uma chance de a pessoa ser descoberta, e isso, às vezes, ocorre por ações (ou falhas) do próprio indivíduo. Salvo se você tem obrigação legal de agir, não é preciso assumir essa tarefa.[29] Pensando em termos corporativos, com base nos estudos de Daniel Goleman sobre inteligência emocional, eis algumas atitudes que os líderes devem tomar, no processo do aconselhamento:

- Ouça atentamente as pessoas ao seu redor, para saber o que elas querem da vida, da carreira e do atual emprego.
- Preste atenção aos sentimentos e às necessidades das pessoas, demonstrando preocupação por elas.
- Diante de pessoas da equipe que falham em algum ponto, reserve tempo para orientá-las e aconselhá-las, para que desenvolvam competências que lhes faltem.
- Celebrem vitórias e riam, sabendo que a diversão não é perda de tempo; antes, é uma maneira de construir um capital emocional.[30]

Na formação e manutenção de uma equipe de trabalho, esses cuidados são indispensáveis. Todos esses valores serão valiosos para a nossa vida em família.

Essas habilidades não devem ser buscadas apenas por líderes, mas por todos que convivem com outras pessoas (e todos convivemos). Todos precisamos ouvir atentamente

---

[29] DOUGLAS, William. *O poder dos 10 Mandamentos: o roteiro bíblico para uma vida melhor*. São Paulo: Mundo Cristão, 2013, edição eletrônica, posição 2139.

[30] GOLEMAN, Daniel, op. cit., posição 3831.

## 212 OS DEZ MANDAMENTOS

as pessoas, prestando atenção a seus sentimentos e suas expectativas; afinal, é assim que queremos ser tratados. Devemos sempre dar uma oportunidade aos outros quando falham, como gostaríamos que fizessem conosco quando falhamos. Devemos celebrar as vitórias dos outros, indo a suas festas e esperando que venham às nossas. As pessoas têm valor. Precisamos dizer isso a elas. Stephen Kanitz chama isso de validação. Para ele, validar uma pessoa é confirmar que essa pessoa existe, que ela é real e tem valor.

> Todos nós precisamos ser validados pelos outros, constantemente. Alguém tem de dizer que você é bonito ou bonita, por mais bonito ou bonita que você seja. O autoconhecimento, tão decantado por filósofos, não resolve o problema. Ninguém pode se autovalidar, por definição. Você sempre será um ninguém, a não ser que outros o validem como alguém. Validar o outro significa confirmá-lo, como dizer: "Você tem significado para mim".

Podemos validar com gestos simples, um olhar, um sorriso, um elogio. O problema — continua o consultor — é que "estamos tão preocupados em mostrar que somos o 'máximo' que esquecemos de dizer aos nossos amigos, filhos e cônjuge que o 'máximo' são eles. Puxamos o saco de quem não gostamos, esquecemos de validar aqueles que admiramos".

Graças à validação, pela qual as pessoas são aceitas pelo que realmente são, mesmo as inseguras "começarão a acreditar em si mesmas e crescerão". Assim, "se quisermos tornar o mundo menos inseguro e melhor,

VALORIZE AS PESSOAS 213

precisaremos treinar e exercitar uma nova competência: validar alguém todo dia. Um elogio certo, um sorriso, os parabéns na hora certa, uma salva de palmas, um beijo, um dedão para cima, um 'valeu, cara, valeu'".[31]

## HORA DE PRATICAR

No mundo da mentira, vale a pena ser verdadeiro. Um pequeno roteiro pode nos ajudar no caminho da autenticidade:

1. Julgue-se com honestidade quanto ao uso das palavras ditas aos outros, sobre os outros e a você mesmo. Elas sempre têm a intenção de promover?
2. Se for o seu caso, admita que já jogou penas do alto de um morro e que agora não consegue recolhê-las. Tome essa experiência como um marco para mudança de atitude. Se nunca o fez, peça a Deus que o conserve assim.
3. Peça a Deus para pensar bem acerca das pessoas, como ele pensa de nós.
4. Reflita sobre a seguinte instrução bíblica: *Nenhuma palavra torpe saia da boca de vocês, mas apenas a que for útil para edificar os outros, conforme a necessidade, para que conceda graça aos que a ouvem* (Ef 4.29, NVI). Eis a meta para todos os momentos da nossa existência:

---

[31] KANITZ, Stephen. *O poder da validação*. Disponível em: <http://blog.kanitz. com.br/poder-validacao/>. (Artigo publicado na revista *Veja*, edição 1705, 20 de junho de 2001, p. 22.)

## 214 OS DEZ MANDAMENTOS

> *Quem de vocês quer amar a vida*
> *e deseja ver dias felizes?*
> *Guarde a sua língua do mal*
> *e os seus lábios da falsidade.*
> (Sl 34.12,13, NVI).

5. Para obedecer ao nono mandamento, você está disposto a pagar o preço por ser impopular, por não dar ouvidos a fofocas e não passar adiante? Se tomar essa decisão, saiba que perderá alguns amigos fofoqueiros, mas ganhará outros que gostam de respeitar e ser respeitados.[32]

   Seja sua decisão como a do poeta bíblico: *Como amo a vida e desejo dias felizes, para mim e para os outros, guardarei a minha língua do mal e os meus lábios da falsidade* (cf. Sl 34.12,13).

6. Empenhe-se pela verdade. "Se procura de fato a integridade e a decência na sua vida, você está disposto a começar pelo modo como lida com a fofoca e as conversas que magoam?"[33] Seja o seu ideal a disposição da seguinte quadra:

   Do outro, o que o promover falarei.

   Se o rebaixar, eu me calarei.

   Se dele algo concretamente souber,

   somente a ele direi e ainda se convier.

---

[32] FELDER, Leonard, op. cit., p. 172.
[33] Ibid., p. 174.

# 10
# Seja simples

*Não cobiçarás a casa do teu próximo.*
*Não cobiçarás a mulher do teu próximo,*
*nem seus servos ou servas, nem seu boi ou jumento,*
*nem coisa alguma que lhe pertença.*

ÊXODO 20.17, NVI

"O que mais nos devora é a inveja que sentimos dos outros. Esfregue os olhos, purifique o coração e estime, acima de tudo neste mundo, aqueles que o amam e lhe desejam o bem."

ALEXANDER SOLJENITSYN

Ninguém considera a ganância uma virtude. No entanto, o megaempresário das comunicações Ted Turner a apresentou como positiva: "Oh, ganância. Ganância, ganância, todo mundo é ganancioso".

Quando o repórter lhe perguntou se isso não é destrutivo, ele garantiu que não.[1]

---

[1] STOSSEL, John. *Greed.* Disponível em: <https://content.byui.edu/file/1a407f2b-82ec-4e89-9539-e6a986fe5d2e/1/FDAMF%20101%20-%20Greed%20with%20John%20Stossel.rtf>.

216  OS DEZ MANDAMENTOS

Um dos bons lugares-comuns, presentes nos livros e nos adesivos de automóveis, é que ter não é ser, como ensinado por Erich Fromm, desde 1976 (1977, no Brasil), com o seu *Ter ou ser.* Assim mesmo, a maioria das pessoas vive como se ter fosse a essência da vida, de modo que, "se alguém nada tem, não é".[2]

São conhecidas as histórias de pessoas que ganharam fortunas na loteria e afundaram na miséria. Segundo uma reportagem da CNN, acompanhando casos no mundo inteiro, todos gastam tudo e se endividam. Como os seus amigos os incomodam por causa do dinheiro, eles ficam com mais dívidas e amizades piores do que tinham antes de ganhar na loteria.[3] Apesar disso, a cada semana as pessoas enfrentam pacientemente longas filas às portas das casas lotéricas, com números que, no Brasil, superam 52 milhões de apostadores num mesmo sorteio.

Uma pesquisa de classe mundial mostrou que a renda familiar encabeça o *ranking* dos principais fatores para a felicidade. Vieram depois, pela ordem, estar casado, ter curso superior e ser mulher.[4]

No discurso, ninguém acredita que dinheiro traga felicidade, mas, na prática, todos correm atrás dele para alcançá-la. Correr atrás do dinheiro implica correr mais

[2] FROMM, Erich. *Ter ou ser.* Rio de Janeiro: Zahar, 1977, p. 35.
[3] Reportagem citada por HORTON, Michael. *How to buy happiness.* Palestra na TED em novembro de 2011. Disponível em: <http://www.ted.com/talks/michael_norton_how_to_buy_happiness/transcript?language=pt-br>.
[4] *Gallup poll shows that money and happiness go hand-in-hand; education is the runner up.* Disponível em: <http://www.medicaldaily.com/gallup-poll-shows-money-and-happiness-go-hand-hand-education-runner-292284>.

SEJA SIMPLES 217

do que os outros. O outro está sempre no horizonte, ou melhor, o que o outro tem está sempre no horizonte. O mandamento contra a cobiça é o último. Cada quebra dos nove anteriores inclui a conjugação do verbo "cobiçar". Quando cobiçamos uma posição, por exemplo, transformamos em deus o objeto do nosso desejo. Não descansamos no *shabat* porque cobiçamos ganhar mais. Quando furtamos, primeiro cobiçamos. Adulteramos porque cobiçamos. Falamos mal de alguém porque cobiçamos o que ele tem.

A ADMIRAÇÃO — A cobiça não começa ruim, porque ela começa na contemplação e na admiração. Por nos relacionarmos, vemos os que os outros são e o que os outros têm. Vendo o que o outro faz, podemos aplaudir. Podemos até traçar boas metas a partir daí.

A COMPARAÇÃO — O problema tem início quando, depois de contemplar o outro, nós nos comparamos com ele. Como escreveu Kierkegaard, "a admiração é uma abnegação contente, a inveja uma autodistinção descontente". Até a felicidade é sentida na comparação. A cobiça só existe quando existe a comparação. A comparação faz nascer o desejo, que, quando se estabelece no coração, se torna cobiça. Assim, o décimo mandamento não é contra o desejo de ganhar dinheiro; é contra a cobiça.

O DESEJO — Como anotou um especialista judeu, "todas as culturas proíbem assassinar ou roubar, mas no décimo mandamento o proibido é o desejo.[5] Não é proibido

---

[5] Pitchon, Moshe. *Por que 'cobiça', e não 'ciúme' ou 'inveja'?* Disponível em: <http://judaismohumanista.ning.com/profiles/blogs/por-que-cobi-a-e -n-o-ci-me-ou-inveja>.

## 218 OS DEZ MANDAMENTOS

todo desejo, mas o de ter o que é do outro, fazer o que o outro faz, ser o que o outro é.

Tem razão James MacDonald: "Quando nos detemos pensando em nosso desejo, ceder é só uma questão de tempo".[6] Invejar é também uma questão de tempo, como escreveu a romancista britânica Dorothy Sayers: A inveja começa com a plausível pergunta: "Por que não posso desfrutar do que os outros desfrutam?". E termina com a exigência: "Por que os outros têm o que eu não tenho?". O desejo se transforma imperceptivelmente em cobiça e inveja.

A COBIÇA — "Cobiçar é querer coisas erradas", como buscar o dinheiro como um fim em si mesmo. "Cobiçar é querer coisas certas por motivos errados", como obter reconhecimento pessoal, que pode começar por um senso de relevância e resvalar para o orgulho. "Cobiçar é desejar as coisas certas na hora errada", como buscar uma promoção no emprego antes da hora. "Cobiçar é querer coisas certas na quantidade errada", o que acontece quando não sabemos mais qual é o montante de dinheiro que precisamos para nós e para os outros.[7]

Assim, o décimo mandamento retoma o primeiro, baixando-o da metafísica para o chão da vida. "A cobiça é a doença espiritual do desejo desenfreado. É a necessidade de ser saciado e, em seguida, desejar ter ainda mais. É a necessidade por constante satisfação dos sentidos. É a incapacidade de estar em paz consigo mesmo, com a vida, com as necessidades." Portanto, "a cobiça é um pecado

---

[6] MacDonald, James. *Senhor, transforma minha atitude*. São Paulo: Vida Nova, 2015, p. 69.

[7] As definições sobre "cobiça" são de James MacDonald (MacDonald, James, op. cit., p. 68). Os exemplos são meus.

SEJA SIMPLES 219

da alma, uma doença da mente que leva ao descontentamento perpétuo. É um soco forte no meio do coração, sempre nos despertando a querer mais do que o necessário, exigindo sempre que encontremos alguma maneira de conseguir mais do que é possível, sempre nos pressionando para conseguir de qualquer maneira o que desejamos, não importa se devamos ou não".[8]

A INVEJA — Um dos subprodutos da cobiça é a inveja, uma irmã da outra. Segundo o professor judeu Aaron Ben-Ze'ev, da Universidade de Haifa (Israel), "cobiçar é se preocupar em ter alguma coisa, enquanto invejar é se preocupar com aquele que tem alguma coisa".[9] Se, como disse o jornalista Zuenir Ventura, "ciúme é querer manter o que se tem" e "cobiça é querer o que não se tem", por sua vez "inveja é querer que o outro não tenha". Como escreveu com precisão uma senhora, "o invejoso não inveja o que você tem, e sim porque você tem" (Marcia Cordeiro). Outra senhora disse que nasce "de um sentimento de inferioridade e de desgosto diante da felicidade alheia" (Jaqueline Decotti).

Os Guiness nos lembra da anatomia da cobiça: "Primeiramente nos comparamos e achamos que nos falta algo, e essa nossa condição desprovida e a dor proveniente da autoestima ferida nos fazem rebaixar, por palavras e atos, outra pessoa ao nosso nível". Assim, "a inveja se move da tristeza ao menosprezo e do menosprezo à destruição.

---

[8] CHITTISTER, Joan. *The Ten Commandments: laws of the heart.* Maryknoll, NY: Orbis, 2006, p. 112.
[9] Citado por PITCHON, Moshe. *Por que 'cobiça', e não 'ciúme' ou 'inveja'?* Disponível em: ‹http://judaismohumanista.ning.com/profiles/blogs/por-que-cobi-a-e-n-o-ci-me-ou-inveja›.

## 220 OS DEZ MANDAMENTOS

Não é tanto o olhar para quem está acima de nós, mas o rebaixá-lo. Se as posses ou o sucesso de alguém me depreciam, pensa o invejoso, preciso rebaixá-lo ao meu nível. O desejo de ter o que o outro possui termina no desejo de que o outro não tenha isso e, por fim, no fazer tudo para se certificar de que não o tenha". Se, de um lado, a concorrência "pode ser vista como uma escada rolante que promove os indivíduos, fazendo-os subir", "a inveja reverte a engrenagem, fazendo a escada rolante descer".[10]

O que a inveja é capaz de fazer preenche um rol bem grande de erros. Luciano, um professor do ensino médio, registrou alguns:

> Roubamos porque invejamos os bens e riquezas do próximo. Fazemos *bullying* porque invejamos a beleza ou o talento do próximo. Matamos porque invejamos o sucesso, as conquistas e a felicidade do próximo. Adulteramos porque invejamos a vida promíscua e sexualmente permissiva do próximo que se vangloria de suas conquistas na cama. Perdemos a fé porque invejamos a inteligência e o brilhantismo intelectual de pensadores, de modo que a razão passa a nos bastar. Enfim, assim como o primeiro ato de rebelião contra Deus nasceu da inveja de Lúcifer, nossa queda e afastamento de Deus nascem da inveja que nos faz pensar, sentir e agir em termos de falta, carência e ausência em relação ao que o próximo tem ou é.

Na verdade, "o tempo todo somos expostos a estímulos que nos impulsionam a querer sempre mais. Se temos

---

[10] GUINESS, Os, op. cit., p. 76.

SEJA SIMPLES 221

um carro, sempre há o lançamento de um modelo mais bonito, mais potente, mais atual. Se temos um celular, sempre surge um mais moderno, com mais funcionalidades e assim por diante. Somos convidados a sermos eternos insatisfeitos." (Clístenes)

## Um outro modo de viver

"No meu trabalho tem várias mulheres, e eu gosto de me arrumar bem. Então, percebi que todas as vezes que uso algo ou faço algo novo no meu cabelo, tem uma garota que faz igual, e todos percebem o comportamento dela: isso me incomoda". (N., uma senhora)

Podemos ser livres. Podemos ser saudáveis. Podemos deixar de ser impulsionados por necessidades irrealizáveis e falsas. Não precisamos competir. Não precisamos nos comparar com os outros. Não precisamos ser melhores do que os outros. Não precisamos comprar uma joia mais bonita, um carro mais rápido, uma casa maior, roupas mais finas ou vinho mais caro. Podemos ser simplesmente nós mesmos, cheios de vida, cheios de paz, cheios de Deus. Quando isso acontece, a paz finalmente chega. Ficamos em paz com nós mesmos, com os nossos vizinhos, com o nosso Deus.[11]

Precisamos parar de desejar o que o outro é, faz ou tem, como se fôssemos melhores ou mais merecedores ou como se as coisas que ele tem fossem melhores do que as que temos. Para tanto, diz-nos um jovem executivo (Clístenes), precisamos ver o outro como ele é, um ser criado por Deus como eu sou, nem mais nem menos. "O que

---

[11] CHITTISTER, Joan, op. cit., p. 126.

OS DEZ MANDAMENTOS

temos, por ter sido simplesmente conquistado por nós, pela misericórdia de Deus, é muito bom."

Como podemos alcançar esse nível de contentamento e ficar fiel ao mandamento de não cobiçar?

Estar bem não é ter bens.

Ser feliz é não ficar ansioso com o presente ou com o futuro. É trabalhar pelo presente e antecipar o futuro, mas sem achar que tudo depende de nós.

Nossa felicidade não se mede pelo estilo de vida do outro, em termos de fama ou patrimônio.

Os Dez Mandamentos são sobre felicidade. O décimo mandamento é sobre paz.

Em poucas palavras, a proibição que estabelece nos oferece um roteiro para uma vida plena de significado, que não está no poder, mas no amar.

## 1. Aceite o convite para não cobiçar.

O mundo em que vivemos corre num estilo e quer que corramos também. Deus nos convida para outro estilo de vida. Por isso, nos oferece o décimo mandamento para nos mostrar, negativamente, "a degradação que vem com a tentativa de sugar todo o ar para fora da vida" e nos impedir de nos satisfazermos com alguma coisa. Quando tentamos consumir tudo o que vemos, devemos saber que "o que vemos também nos consome".[12]

Como disse um estudante, "a inveja é incompatível com a vida, porque ela mata o invejoso, o invejado e o relacionamento entre ambos, como uma granada cujas fagulhas não determinam a direção dos danos" (Rachel Alencar).

[12] CHITTISTER, Joan, op. cit., p. 116.

## 2. Reflita sobre o seu estilo de vida.

A advogada Ruth Manus nos ajuda:

Era uma vez uma geração que se achava muito livre. Tinha pena dos avós, que casaram cedo e nunca viajaram para a Europa. Tinha pena dos pais, que tiveram que camelar em empreguinhos ingratos e suar muitas camisas para pagar o aluguel, a escola e as viagens em família para pousadas no interior. Tinha pena de todos os que não falavam inglês fluentemente. Era uma vez uma geração que crescia quase bilíngue. Depois vinham noções de francês, italiano, espanhol, alemão, mandarim. Frequentou as melhores escolas. Entrou nas melhores faculdades. Passou no processo seletivo dos melhores estágios. Foram efetivados. Ficaram orgulhosos, com razão. E vieram a pós, a especialização, o mestrado, o MBA. Os diplomas foram subindo pelas paredes.

Era uma vez uma geração que aos 20 ganhava o que não precisava. Aos 25 ganhava o que os pais ganharam aos 45. Aos 30 ganhava o que os pais ganharam na vida toda. Aos 35 ganhava o que os pais nunca sonharam ganhar.

Ninguém os podia deter. A experiência crescia diariamente, a carreira era meteórica, a conta bancária estava cada dia mais bonita.

O problema era que o auge estava cada vez mais longe. A meta estava cada vez mais distante. Algo como o burro que persegue a cenoura ou o cão que corre atrás do próprio rabo.

OS DEZ MANDAMENTOS

O problema era uma nebulosa na qual já não se podia distinguir o que era meta, o que era sonho, o que era gana, o que era ambição, o que era ganância, o que era necessário e o que era vício. [...]

Essa geração tentava se convencer de que podia comprar saúde em caixinhas. [...]

Aos 20: Ibuprofeno. Aos 25: Omeprazol. Aos 30: Rivotril. Aos 35: *stent*.

Uma estranha geração que tomava café para ficar acordada e comprimidos para dormir.

Oscilavam entre o sim e o não. Você dá conta? Sim. Cumpre o prazo? Sim. Chega mais cedo? Sim. Sai mais tarde? Sim. Quer se destacar na equipe? Sim.

Mas para a vida, costumava ser não:

Aos 20 eles não conseguiram estudar para as provas da faculdade porque o estágio demandava muito.

Aos 25 eles não foram morar fora porque havia uma perspectiva muito boa de promoção na empresa.

Aos 30 eles não foram ao aniversário de um velho amigo porque ficaram até as 2 da manhã no escritório.

Aos 35 eles não viram o filho andar pela primeira vez. Quando chegavam, ele já tinha dormido; quando saíam ele não tinha acordado.

Às vezes, choravam no carro e, descuidadamente, começavam a se perguntar se a vida dos pais e dos avós tinha sido mesmo tão ruim como parecia.

Por um instante, chegavam a pensar que talvez uma casinha pequena, um carro popular dividido entre o casal e férias em um hotel-fazenda pudessem fazer algum sentido.

Mas não dava mais tempo. Já eram escravos do câmbio automático, do vinho francês, dos *resorts*, das imagens,

SEJA SIMPLES 225

das expectativas da empresa, dos olhares curiosos dos "amigos".

Era uma vez uma geração que se achava muito livre. Afinal tinha conhecimento, tinha poder, tinha os melhores cargos, tinha dinheiro.

Só não tinha controle do próprio tempo.

Só não via que os dias estavam passando.

Só não percebia que a juventude estava escoando entre os dedos e que os bônus do final do ano não comprariam os anos de volta.[13]

Procede a crítica de John Lahr, que alfinetou: "A sociedade torna as pessoas loucas com a luxúria e chama isso de publicidade". Essa percepção confirma que "somos a cultura que cultiva a luxúria, que é o desejo pelo que não temos, não precisamos e não podemos manejar, e depois se admitirá por que tantas pessoas são infelizes na vida".[14]

A advertência de Ruth Manus mostra que a crítica de Eric Ambler se internaliza na experiência individual: "O negócio internacional pode conduzir suas operações com restos de papel, mas a tinta que usa é sangue humano".[15]

### 3. Ponha limites aos seus desejos.

Sabemos que o impulso de querer é indispensável para o progresso pessoal e social. "Sem este impulso, as pessoas permaneceriam inertes, inativas, não teriam motivação

---

[13] MANUS, Ruth. *A triste geração que virou escrava da própria carreira*. Disponível em: <http://vida-estilo.estadao.com.br/blogs/ruth-manus/a-triste-geracao-que-virou-escrava-da-propria-carreira-2/>.

[14] CHITTISTER, Joan, op. cit., p. 119.

[15] CHITTISTER, Joan, op. cit., p. 130.

226 OS DEZ MANDAMENTOS

alguma."[16] A vida delas não teria relevância. O impulso de querer precisa de limites para o nosso desejo, para não agirmos como Alexandre, o Grande, que, segundo o historiador romano Plutarco, "chorou quando ouviu [o filósofo] Anaxarco [que o acompanhava] falar sobre o número infinito de mundos no universo. Um dos amigos de Alexandre lhe perguntou por que estava preocupado, ao que ele respondeu: 'Há tantos mundos, e eu ainda não conquistei sequer um'".[17]

Na verdade,

> quando os seres humanos não se colocam limites, quando seu impulso para dominar não tem restrições, quando perdem todo o sentido de que o objetivo final das ações ou das coisas reside na santidade, o mundo pode parecer demasiadamente pequeno e limitado em seus recursos para satisfazer seus infinitos desejos. A vida se torna um tormento para os perpetuamente insatisfeitos, tornando o mundo perigoso para quem o atravessa.[18]

Medite na Palavra de Deus, ciente de que os pensamentos de cobiça "são tão vis e corrosivos que só a internalização de um código poderoso como as 'Dez Palavras' [Dez Mandamentos] pode controlar".[19]

---

[16] SCHLESSINGER, Laura C. Los Diez Mandamientos. Trad. Ana del Corral. New York: HarperCollins, 2006, edição eletrônica, posição 5258.
[17] SPARKS, Lyla. Alexander Quotes. Disponível em: <http://www.pothos.org/content/index.php?page=quotes>.
[18] SCHLESSINGER, Laura C., op. cit., posição 5286.
[19] PITCHON, Moshe. Por que 'cobiça', e não 'ciúme' ou 'inveja'? Disponível em: <http://judaismohumanista.ning.com/profiles/blogs/por-que-cobi-a-e-n-o-ci-me-ou-inveja>.

Saiba como todos somos. "Desejamos algo ardentemente. Uma vez conseguido, misteriosamente aquilo (bem, pessoa, *status*, qualquer coisa) passa a não ter o mesmo valor que tinha quando não o possuíamos. Ou então, de repente, não nos sentimos exatamente como pensamos antes de ter o que conseguimos. Que loucura!" (Clístenes) Contenha o seu desejo.

O desejo precisa ser contido e direcionado.

Como programa de vida,

> precisamos concentrar nossos desejos nos valores que nos enobrecem, nos valores que Deus entesoura, nos valores que nos levam a fazer o bem. Os desejos de cobiça, mesmo que aparentemente naturais à condição humana, devem ser rejeitados, de modo que renovemos o compromisso com nossos valores externos ao ego e ao egoísmo. Quando isso não acontece, ficamos expostos a aumentar as misérias do mundo.[20]

## 4. Reconheça que sente cobiça e mesmo inveja, se for o caso.

Examine-se honestamente.

Um advogado, sócio de um escritório tido como bem-sucedido, desabafa: "Como tenho sofrido, há anos, em minha relação com sócios por causa de inveja, que causa intrigas, dissensões, cobiça, falta de paz e, por fim, suspeitas... Não sei qual será a solução, mas sei que o meu Deus não me desampara. Ele é fiel, e tudo o que recebo vem das mãos dele, não de pessoas, por mais influentes que possam ser".

---

[20] SCHLESSINGER, Laura C., op. cit., posição 5394.

OS DEZ MANDAMENTOS

Um pastor (V.) falou de sua miséria: a de não se alegrar com o sucesso de um colega, mas de invejá-lo. Cada um de nós deve cuidar, atentando para o fato de que, "diferentemente da ira ou da gula, a inveja é uma condição emocional sorrateira. Ela queima como fogo de palha, por baixo, sem fumaça". Toda a atenção deve ser dispensada, porque "a ira produz erupçõess violentas; a gula compromete nosso manequim; a preguiça faz nosso chefe reclamar; a luxúria nos afasta até da família mais liberal; mas a inveja dificilmente aparece, pois o comportamento de um invejoso não difere muito do de um crítico, de um ressentido, de um coração magoado".[21]

Se for o seu caso, constante ou raramente, não negue. "Não só somos escravos da cobiça, como também temos um grave problema negando-lhe a existência."[22]

Faça como um professor (A.), que me confidenciou:

Recentemente senti uma inveja cortante em relação a um amigo, pois ele obteve nota maior que a minha em um concurso público.

Creio que tal sentimento tenha nascido no berço da minha arrogância, já que sempre fiquei mais bem colocado do que ele em outras provas.

Primeiro, veio a negação do sentimento, depois o reconhecimento de que sozinho não conseguiria extirpar esse mal de mim. Orei, e ainda continuo orando, porquanto o reconhecimento de que o outro pode ser melhor é um aprendizado cotidiano.

---

[21] AMORESE, Rubem. *Inveja*. Disponível em: <http://www.adpmaculusso. com/artigos/inveja.pdf>.
[22] CHITTISTER, Joan, op. cit., p. 112.

SEJA SIMPLES 229

Saiba que "a inveja é um desequilíbrio emocional que afeta a sua vida espiritual" (Valéria).

Para superá-la, talvez precise de ajuda. A cobiça, diz um profissional, é "muito natural, normal, comum. Mas não é necessariamente o melhor para nós. Se queremos algo diferente, é preciso ir contra esse 'natural', esse 'comum'. Aí reside a dificuldade". Na experiência desse cristão, "é inútil tentar fazê-lo sozinho. Mal comparando, é como um bêbado tentando sozinho sair de seu vício. É como um pássaro que evita voar".

**5. Aprenda a estar contente.**
O apóstolo Paulo cantou belamente: *Aprendi a adaptar-me a toda e qualquer circunstância. Sei o que é passar necessidade e sei o que é ter fartura.*

*Aprendi o segredo de viver contente em toda e qualquer situação, seja bem alimentado, seja com fome, tendo muito, ou passando necessidade* (Fp 4.11b,12, NVI).

O que temos não é o que nos define, porque podemos ter mais hoje e menos amanhã, e vice-versa. Nossa alegria não depende dos eventos, mas da paz que a comunhão com Deus nos traz.

A satisfação não vem das coisas; vem de Deus. Por isso, satisfação não é uma espécie de conformismo e não implica falta de esforço. Antes, significa que em cada etapa da vida devemos valorizar, com gratidão, o que foi alcançado, não o que ainda falta.[23]

Com Ricardo Gondim, aprendemos que o "contentamento não resulta de posse ou de desempenho. Contentamento

---

[23] SCHLESSINGER, Laura C., op. cit., posição 5422.

230 OS DEZ MANDAMENTOS

brota dentro da gente e vem da virtude de saber distinguir entre necessidade e desejo". Quem está contente é capaz de portar "uma paz parecida com a da lua quando descansa na lagoa, do sino que badala na capela da aldeia ou do ribeiro que se sabe destinado a morrer no oceano". Para o contente, "quando a existência não se desenrola como planejada, não é necessário que se redobrem os esforços de curvá-la a caprichos infantis.[24]

Vivemos contentes quando reconhecemos — escreve John MacArthur — que Deus é soberano tanto por intervenção sobrenatural quanto por orquestração natural. "Aprecie a complexidade do que Deus está fazendo a cada momento para nos manter vivos. Quando vemos as coisas dessa perspectiva, percebemos quão insano é achar que controlamos a nossa vida. Quando desistimos desse vão ideal, desistimos da maior fonte da nossa ansiedade."[25]

MacArthur apresenta seis atitudes a serem tomadas por quem busca o contentamento:

1. Agradeça por todas as coisas, como Paulo fez. Gratidão é, sobretudo, uma questão de obediência.
2. Descanse na providência de Deus. Ele vê perfeitamente o resultado final.
3. Satisfaça-se com pouco. Cobiça e contentamento são mutuamente excludentes.
4. Viva acima das circunstâncias. Paulo não tinha prazer no sofrimento em si, mas no poder de Jesus Cristo,

---

[24] GONDIM, Ricardo. *Contentamento*. Disponível em: http://www.ricardogondim.com.br/meditacoes/contentamento/>.
[25] MACARTHUR, John. *Secrets of contentment*. Disponível em: <http://www.gty.org/resources/articles/A250/Secrets-of-Contentment-Part-1>.

SEJA SIMPLES 231

manifesto a ele em tempos de doença, rejeição, perseguição e angústia.

5. Descanse no poder e na provisão de Deus. Jesus Cristo dá força e sustento ao que crê.

6. Preocupe-se com o bem-estar dos outros. Quem é centrado em si mesmo é descontente. A alma generosa encontra bênção em sua própria vida.[26]

Murmuração, insatisfação, descontentamento com o que temos, eis o que nos cerca. "Dizer, como Jacó 'eu tenho o suficiente' parece totalmente contrário à partícula da natureza humana. Dizer 'eu quero mais' parece a língua materna de cada filho de Adão."[27] Ryle diz que só há "uma coisa com a qual nós nunca devemos nos contentar. Essa coisa é uma religião pequena, uma fé pequena, uma esperança pequena e uma graça pequena. Jamais fiquemos satisfeitos com o pouco dessas coisas. Ao contrário, vamos buscá-las mais e mais".[28]

**6. Busque realizar os seus desejos no horizonte da fé.**

O Salmo 37 é sobre os desejos, sobre os nossos desejos: *Agrada-te do Senhor, e ele satisfará os desejos do teu coração. Entrega o teu caminho ao Senhor, confia nele, e o mais ele fará* (Sl 37.4,5).

Os desejos, à luz desse salmo, não são para ser reprimidos; são para ser realizados. Mas não segundo o estilo das pessoas que não levam Deus a sério.

---

[26] MacArthur, John. *What is the secret to contentment.* Disponível em: ‹http://www.gty.org/resources/questions/QA149/What-Is-the-Secret-to-Contentment›.
[27] Ryle, J. C. *Contentamento.* [S.l.]: Projeto Ryle, [s.d.], posição 32.
[28] Ibid., posição 188.

OS DEZ MANDAMENTOS

O ensino contém uma promessa, que podemos parafrasear: "Espere no Senhor, siga em frente, com honestidade. Ele o levará a realizar os desejos do seu coração. Os que hoje se saciam com os frutos da impiedade não estarão mais vivos para ver a sua realização" (Sl 37.34).

Não precisamos desejar ter o que os outros têm, sejam seus bens obtidos lícita ou impiamente. Ademais, "quando invejamos o ímpio, por exemplo, acabamos muitas vezes praticando os mesmos atos de injustiça que ele praticou para alcançar aquele bem ou aquela riqueza" (Marcos Heleno).

**7. Admire.**

Diante do que o outro tem, devemos nos alegrar.

Diante do que o outro faz, devemos aplaudir.

Um bom antídoto para a cobiça é o desenvolvimento da capacidade de se alegrar com o próximo "quando alguém obtém alguma coisa boa". O alcance dessa capacidade pode levar tempo, mas acabará "por nos tornar pessoas diferentes, capazes de apreciar o que o outro tem",[29] é ou faz.

Um bom padrão é o pai que se orgulha com a vitória do filho.

Elogiar o outro faz que a ação do outro seja referência para nós. Elogiamos a quem consideramos exemplo para nós. E precisamos de exemplos bons.

Quando, em lugar de admiração ou respeito, ficamos ressentidos e nos sentimos ofendidos, devemos nos cuidar,

---

[29] DOUGLAS, William. *O poder dos 10 Mandamentos: o roteiro bíblico para uma vida melhor*. São Paulo: Mundo Cristão, 2013, edição eletrônica, posição 2324.

SEJA SIMPLES 233

porque estamos no mau caminho. Bom é quando podemos desfrutar da felicidade e do sucesso do outro.[30]

## 8. Seja grato.

A mensagem que recebemos de Deus, pela Bíblia, é clara: viva a sua vida, seja você mesmo. Lembre-se de que "a felicidade reside justamente em agradecer por tudo o que ele nos oferece, em especial nossa própria identidade, o maior bem que um ser humano pode ter. Cada um de nós ocupa uma posição singular na história da criação".[31]

Como diz outro profissional jovem, "a inveja não só é um pecado em si, como representa total ingratidão a Deus pelo que ele nos deu. Não temos que ter inveja das conquistas do próximo, mas sim sermos gratos a Deus pelas nossas conquistas; ainda que sejam infinitamente menores que as do próximo, provieram do sustento de Deus" (Marcos Heleno).

## 9. Seja generoso.

Não tenha medo da riqueza, mas do que ela pode fazer a você. O dinheiro "é uma força dinâmica que facilmente pode se tornar demoníaca — pois, se não fizer um grande bem, pode trazer grandes prejuízos".[32]

Como Francis Bacon escreveu: "Se o dinheiro não é seu servo, será seu mestre. Não se pode dizer do homem cobiçoso que ele possui riquezas; deve-se dizer que elas o possuem".[33]

---

[30] SCHLESSINGER, Laura C., op. cit., posição 5422.
[31] DOUGLAS, William, op. cit., posição 2341.
[32] GUINESS, Os, op. cit., p. 196.
[33] Ibid., p. 196, 175.

OS DEZ MANDAMENTOS

Michel Norton oferece uma abordagem diferente ao tema da felicidade. Para ele, está errado quem ensina que dinheiro não traz felicidade. Falando a estudantes, disse:

Se vocês pensam assim, não estão gastando seu dinheiro de maneira correta. Então, em vez de gastar como vocês fazem normalmente, talvez, se vocês gastassem de um jeito diferente, as coisas funcionariam um pouquinho melhor. [...] A razão pela qual o dinheiro não nos faz felizes, é porque estamos sempre gastando em coisas erradas, e principalmente porque estamos sempre gastando conosco. Então, em vez de serem antissociais com seu dinheiro, que tal se vocês fossem mais pró-sociais com ele?

Ele narra uma série de experiências que fizeram em vários países. Ele e seu grupo passaram a dar dinheiro a dois grupos: um era formado por jovens orientados a gastar consigo mesmos; outro era integrado por estudantes que doavam o dinheiro que recebiam. Depois, entrevistaram os participantes da experiência. O resultado foi que "aquelas pessoas que gastaram dinheiro com outras pessoas ficaram mais felizes. Mas nada aconteceu àquelas que gastaram dinheiro consigo mesmas. Não ficaram menos felizes, apenas não significou muito para elas".

Fizeram o mesmo com times de queimada, para ver o funcionamento da teoria em grupos. O resultado foi que "os times que gastam dinheiro consigo mesmos mantêm a mesma porcentagem de vitórias de antes. Os times que recebem dinheiro para gastarem uns com os outros se tornam equipes diferentes e, na verdade, dominam o campeonato quando terminam".

SEJA SIMPLES 235

A conclusão de Norton e seu grupo é que em "todos esses contextos diferentes — na vida pessoal, na vida profissional, até mesmo em coisas bobas como esportes recreativos — vemos que gastar com outras pessoas traz um retorno maior para as pessoas do que gastar consigo mesmas". Quem doa "descobrirá que irá beneficiar muito mais a si mesmo".[34] Encontre prazer em criar condições para que as pessoas se alegrem. Seja hospitaleiro. Seja generoso. No dia do seu aniversário, por exemplo, não peça presentes; peça que seus amigos tornem melhor a vida de pessoas em condições de pobreza. Peça doações para projetos sociais nos quais acredita e apoia.

**10. Deixe Deus ser essencial para você.**
A dura verdade é que, na raiz da cobiça, está a rejeição da suficiência de Deus na nossa vida. Agindo assim, é como se orássemos: "Deus, o senhor não é o bastante para mim. O senhor é ótimo onde se enquadra, mas minha vida deveria ser bem mais do que só o senhor. Preciso de experiências, relacionamentos e oportunidades, montes deles, cada vez mais. Minha vida não pode ser um tédio, Deus. Tenho de dar muita risada e me divertir o tempo todo. Se a adoração fizer parte disso, ótimo, porém eu quero muito mais".[35]
Uma jovem senhora disse isso de outra forma: "A verdadeira felicidade quem nos dá é Cristo. Se temos Cristo

---

[34] NORTON, Michael. *Como comprar felicidade*. Conferência na TED de Cambridge, novembro de 2011. Disponível em: <http://www.ted.com/talks/michael_norton_how_to_buy_happiness/transcript?language=pt-br>.
[35] MACDONALD, James, op. cit., p. 73.

OS DEZ MANDAMENTOS

no coração, não temos inveja. A noção de isonomia vem de Cristo. A ideia de inferioridade deixa de existir na medida em que você escolhe manter Deus no seu coração" (Jaqueline Decotti).

Nada é essencial, a não ser Deus. As coisas não foram planejadas para tomar o lugar dele. Como diz James MacDonald, "quando cobiçamos algo e o tornamos essencial — e em seguida suplicamos a Deus que nos dê —, estamos lhe pedindo que coloque no lugar dele mesmo determinada coisa que consideramos mais importante".[36]

> O poder de escolher mais que coisas, mais que satisfação, é a glória de Deus em nós. A habilidade de dizer não a nós mesmos é a glória maior de Deus em nós. Toda a cultura se enfileira contra isso. Dizem-nos, constantemente, o que devemos fazer para ser notados, o que comprar para estar atualizados, o que vestir para fazer sucesso, o que devemos fazer se queremos ser vistos como sofisticados, o que devemos ser se desejamos ser considerados influentes. No entanto, o nono mandamento é claro.
>
> Não devemos fazer nada disso. Não precisamos alimentar as feras do desejo e da acumulação, que possuem nossa alma e tornam nossa mente louca de cobiça.[37]

## Para ser simples

Ser simples não é não ganhar dinheiro; é não tê-lo como missão de vida, que pode até ser ganhar para promover a justiça e a paz. A simplicidade não se define por ter ou não ter dinheiro, mas pelo que se faz com ele.

[36] Ibid., p. 74.
[37] CHITTISTER, Joan, op. cit., p. 114.

SEJA SIMPLES 237

Ser simples começa com o desejo pela simplicidade, prossegue com a decisão pela simplicidade e segue pela vida com uma série de disciplinas espirituais, como a humildade, como a verificação periódica do guarda-roupa para doar coisas boas. Ser simples é pedir a Deus o pão para cada dia (Mt 6.11).

Ser simples é viver como administrador fiel dos recursos da terra, o que implica conservá-los, desenvolvê-los e distribuí-los com justiça. Como advertidos pelo Congresso de Lausanne (1974), ser simples é "honrar a Deus como dono de todas as coisas; lembrar que somos mordomos, não proprietários, de qualquer terra ou propriedade que possuímos" e "trabalhar para que haja justiça para os pobres, que são explorados e impossibilitados de se defenderem". Ser simples é querer isso para si mesmo.

Ser simples é ser simples de coração, no que Jesus é o nosso modelo, ele que era, segundo suas próprias palavras, manso e humilde de coração (Mt 11.29).

Ser simples é reconhecer e aceitar, nos termos do Movimento de Lausanne, que:

Jesus nosso Senhor nos convoca a abraçar a santidade, a humildade, a simplicidade e o contentamento. Ele também nos promete seu descanso. Confessamos, entretanto, que às vezes permitimos que desejos impuros perturbem nossa paz interior. De maneira que, sem a renovação constante da paz de Cristo em nossos corações, nossa ênfase no viver simples será desequilibrada.[38]

---

[38] CONGRESSO DE LAUSANNE. *Por um estilo de vida simples*. Disponível em: ‹http://www.ultimato.com.br/conteudo/por-um-estilo-de-vida-simples›.

## OS DEZ MANDAMENTOS

A vida é complexa, e não a viveremos melhor sendo complexos. Podemos nos converter à simplicidade. Ajuda-nos, nessa tarefa, "observar as crianças, porque nelas veremos o que é ser simples. Elas não precisam de muita coisa. Recebendo somente atenção e carinho, tornam-se as pessoas mais felizes do mundo" (Miriam). Como escreveu Richard Foster: "Simplicidade é liberdade. Duplicidade é cativeiro. Simplicidade traz alegria e serenidade. Duplicidade traz absurdamente o medo".[39] Como disse uma adolescente (Letícia), simples é quem não precisa de muitas coisas para viver. Para quem tem uma condição financeira boa, "ser simples é mostrar que as coisas materiais não precisam ser expostas". Eis algumas sugestões nessa jornada:

**1. Decida como você quer viver.**
Creia que "a partir da liberdade das preocupações que a generosidade de Deus provê vem um impulso para a simplicidade, e não para a acumulação" (John Piper).

**2. Desacelere, se for o caso.**
Ser simples não é desejar; é não cobiçar. A cobiça é o desejo acelerado. Se você deseja ser simples, desacelere.

A jornalista britânica Lucy Kellaway pediu a um engraxate do centro de Londres para engraxar suas botas. "Enquanto ele engraxava e lustrava minhas botas pretas, perguntei o que o fazia gostar tanto daquele trabalho. 'Não preciso ser esperto', respondeu. 'Posso ser bem idiota, se eu quiser. Não preciso impressionar ninguém'."

---

[39] FOSTER, Richard. *The Discipline of Simplicity*. Disponível em: ‹http://www.hnp.org/userfiles/Simplicity.pdf›.

SEJA SIMPLES 239

Especialista em economia, ela lembrou-se das queixas de uma banqueira, rica e infeliz, que, durante um jantar, lhe disse estar arrependida da escolha que fizera. Então, escreveu: "Passei metade da minha vida tentando impressionar — e isso é muito cansativo. A única coisa pior que fingir ser esperto é trabalhar com pessoas que fingem ser ainda mais espertas que você. E era exatamente isso que incomodava tanto minha colega naquele jantar".[40]

Se o seu momento for outro, precisando do sustento essencial, trabalhe duro, estude muito, procure firme, mas no seu ritmo, não no dos outros. Não se arrebente. Você só tem uma vida na terra.

**3. Recuse qualquer coisa que o torne dependente.**
A dependência pode ser de coisas (televisão, rádio, jornal, computador, celular) ou de hábitos (sexo, pornografia, dinheiro, fofoca). Aprenda a distinguir entre necessidades reais e necessidades psicológicas.

Por sua própria natureza, o vício está além do seu controle. Resoluções tomadas são impotentes para derrotar a adição completa. Você não pode determinar que ficará livre dela, mas pode decidir abrir seu coração para a graça perdoadora e para o poder curador de Deus. Você pode decidir permitir que verdadeiros amigos que conhecem o caminho da oração estejam ao seu lado.[41]

---

[40] KELLAWAY, Lucy. *Eu preferiria engraxar sapatos a ser uma executiva de banco.* Disponível em: <http://mobile.valor.com.br/carreira/4075032/eu-preferiria-engraxar-sapatos-ser-uma-executiva-de-banco>.
[41] FOSTER, Richard. "The Discipline of Simplicity". Disponível em: <http://www.hnp.org/userfiles/Simplicity.pdf>.

# OS DEZ MANDAMENTOS

## 4. Compre o que precisar.

Não compre o que não vai usar porque todo mundo está comprando ou porque está em promoção.

## 5. Compre o que couber no seu bolso e no seu armário.

Não se endivide para comprar o que não precisa. Não amplie o celeiro para caber mais grãos. Você sabe que esta noite podem pedir a sua alma, conforme a dramática lembrança-advertência deixada por Jesus na seguinte parábola:

*O campo de um homem rico produziu com abundância. E arrazoava consigo mesmo, dizendo: Que farei, pois não tenho onde recolher os meus frutos?* [...] *Farei isto: destruirei os meus celeiros, reconstruí-los-ei maiores e aí recolherei todo o meu produto e todos os meus bens. Então, direi à minha alma: tens em depósito muitos bens para muitos anos; descansa, come, bebe e regala-te. Mas Deus lhe disse: Louco, esta noite te pedirão a tua alma; e o que tens preparado, para quem será? Assim é o que entesoura para si mesmo e não é rico para com Deus* (Lc 12.16-21).

## 6. Ao vestir ou calçar, vista o que é bom e bonito.

O que tem valor não é o que está na moda, não o que é caro, não o que é de grife, não o que produz *status*; são produtos que os fracos compram para parecerem fortes. Não queira ser diferente pelo que veste ou calça. Sua roupa ou seu sapato não precisa brilhar. Olhe os lírios do campo (Mt 6.28) e os pardais sobre os fios da avenida.

SEJA SIMPLES 241

**7. Se tiver bens** (dinheiro, roupas, sapatos, joias, títulos, o que for), **não os ostente.** A ostentação mostra de quem você depende (dos seus bens), não de Deus. Não compre um carro para colocá-lo na sala da sua casa. (Talvez não ostentemos um carro, mas podemos ostentar coisas menores e mais baratas. Os corações dos que ostentam são ridiculamente iguais; o que varia é o preço e a plateia). A ostentação pessoal atrai pessoas em busca de benefícios e depois as afasta, porque percebem a avareza da pessoa. A ostentação provoca guerras. Em lugar de ostentar, veja o que pode distribuir.

Se tiver conhecimento visível pelo discurso ou pelos diplomas, não seja arrogante. Considere o conhecimento um dom de Deus. Seja grato, e diga a ele que o melhor conhecimento é saber-se amado por ele. Ponha o seu conhecimento a serviço dos que não sabem para que também saibam.

**8. Ande a pé.**
Há muitos destinos no cotidiano que você pode fazer a pé. Dependa menos do seu carro e mais dos seus pés. Seu corpo agradece. Seus amigos agradecem. O planeta agradece. "Ouça os pássaros. Aprecie a textura da grama e das folhas. Cheire as flores. Encante-se com as cores onde estiverem. Simplicidade significa redescobrir que a terra é do Senhor junto com tudo o que há nela" (Sl 24.1).[42]

---

[42] FOSTER, Richard. *The discipline of simplicity*. Disponível em: ‹http://www. hnp.org/userfiles/Simplicity.pdf›.

## 242 OS DEZ MANDAMENTOS

## 9. Ame.

Jesus coloca o verbo "amar" como a síntese dos Dez Mandamentos. Segundo relatam os Evangelhos, um teólogo perguntou a ele qual era o principal mandamento, pensando certamente nos Dez Mandamentos que Moisés registrou. A resposta foi:

> *O principal é: Ouve, ó Israel, o Senhor, nosso Deus, é o único Senhor! Amarás, pois, o Senhor, teu Deus, de todo o teu coração, de toda a tua alma, de todo o teu entendimento e de toda a tua força. O segundo é: Amarás o teu próximo como a ti mesmo. Não há outro mandamento maior do que estes* (Mc 12.29-31).

Como podemos viver esses mandamentos que se interrelacionam? O pastor presbiteriano Antônio Carlos Costa, que criou no Rio de Janeiro um movimento para promover a paz, contra a injustiça, nos desafia:

> Viver a vida que Jesus viveu significa, acima tudo, amar. Sua missão no mundo, a partir de agora, é amar. Amar é viabilizar a vida do próximo, libertando-o do que o impede de servir, na plenitude do seu ser, a Deus e ao próximo. Isso significará para você pregar, porque não há liberdade sem Cristo. Mas, também, socorrer o pobre, porque a fome, a doença e a desinformação trazem dor e impedem o ser humano de usar seus dons e talentos na proporção que poderia. Amar é, ainda, agir politicamente, porque más políticas públicas matam, enquanto boas políticas públicas salvam. Vão cruzar o seu caminho vidas preciosas, cuja libertação depende de ação política.[43]

---

[43] COSTA, Antônio Carlos. *Convulsão protestante*. São Paulo: Mundo Cristão, 2015, p. 240.

O que temos amado? A Bíblia nos pede:

*Não amem o mundo nem o que nele há. Se alguém ama o mundo, o amor do Pai não está nele. Pois tudo o que há no mundo — a cobiça da carne, a cobiça dos olhos e a ostentação dos bens — não provém do Pai, mas do mundo. O mundo e a sua cobiça passam, mas aquele que faz a vontade de Deus permanece para sempre* (1Jo 2.15-17, NVI).

## 10. Viva contente. Simplesmente.

Como vemos na vida do apóstolo Paulo, o contentamento vem da cosmovisão que inclui Deus e seus caminhos misteriosos, numa flexibilidade que nos torna mais abertos para aceitar novas dimensões da realidade. No caso dele, "esse estado constante de contentamento veio através de um longo processo de aprendizado". Por meio da oração e da meditação, ele "aprendeu a viver contente em toda e qualquer situação".

Isso se deu como "o resultado do longo exercício espiritual da súplica com gratidão", que "fez que Paulo experimentasse uma paz divina que é maior do que a lógica humana. Uma paz interior que envolve coração e mente em Cristo. Suas emoções, sentimentos, valores e conceitos estavam seguros em Cristo".

Assim, como ensina Ricardo Barbosa, "não era a riqueza ou a pobreza, nem a honra ou a humilhação que iriam determinar o estado do seu espírito, mas a consciência da suficiência da graça de Deus nele".[44]

---

[44] SOUZA, Ricardo Barbosa de. *A paz do contentamento*. Disponível em: <http://www.ultimato.com.br/conteudo/a-paz-do-contentamento-1#-simplicidade>.

OS DEZ MANDAMENTOS

Este é o testemunho eloquente de Paulo: "Aprendi a viver contente em toda e qualquer situação". Em outras palavras, "aprendi a encontrar, dentro de mim, uma satisfação intensa e real no meio de qualquer situação". Não era a riqueza ou a pobreza, nem a honra ou a humilhação que iriam determinar o estado de seu espírito, mas a consciência da suficiência da graça de Deus nele. Essa também deve ser a nossa busca.

## HORA DE PRATICAR

1. Para mudar seu estilo de vida, comece respondendo corajosamente a uma pergunta difícil: "Sou uma pessoa cobiçosa?"[45]

2. Confesse, como um profissional que me escreveu, no calor das disputas em seu departamento na empresa: "Grave é desejar estar no lugar do outro, usufruindo de suas coisas, por se achar melhor, mais digno, mais merecedor. É algo terrível, mas não posso negar que já me senti assim, com inveja de alguém, em determinados momentos".

3. Ore assim: "Senhor Deus, tu és o bastante para mim. Preciso de ti. Preciso te adorar pelo que és, não pelo que me dás".

4. Questione-se com sinceridade diante do criador: "Deus, sou uma pessoa cobiçosa? Passo mais tempo pensando em pessoas a impactar ou em

---

[45] MacDonald, James, op. cit., p. 81.

coisas a acumular? Quando penso num futuro feliz para mim e minha família, eu me imagino com mais coisas ou impactando mais vidas?"[46]

5. Decida obedecer ao décimo andamento. Decida ser simples. Aprenda a gostar das coisas sem possuí-las. Ter as coisas é uma obsessão na nossa cultura. Achamos que sendo donos das coisas, podemos controlá-las e, controlando-as, poderemos sentir mais prazer. Trata-se de pura ilusão. Muitas coisas na vida podem ser apreciadas sem posse ou controle. Você pode usufruir da praia ou de uma biblioteca, sem possuir um grão de areia ou um livro.[47] Quem tem filhos, ensine-lhes isso.

6. Vigie para não cair na tentação do consumo. Cuide para não ceder à ostentação. Lembre-se, como advertiu James MacDonald: "Quando nos detemos pensando em nosso desejo, ceder é só uma questão de tempo".

---

[46] Ibid.

[47] FOSTER, Richard. *The discipline of simplicity*. Disponível em: <http://www.hnp.org/userfiles/Simplicity.pdf>.

# Epílogo

Desejamos as mesmas coisas, embora demos a elas nomes diferentes, como sucesso e felicidade. Somos tentados a pensar que essas coisas virão porque as desejamos. Somos ainda tentados a achar que, quando chega a nossa vez, os frutos de decisões não serão colhidos. Nessas horas, achamos que as leis serão suspensas para impedir os desastres.

Diante de instruções, achamos que são duras e difíceis demais e, então, as deixamos de lado, mas ainda achando que vamos receber os bons resultados de sua prática. Nós somos capazes de nos enganar fazendo uma coisa errada pensando que receberemos coisas boas como resultado.

Os Dez Mandamentos são para uma vida com qualidade emocional, profissional, existencial, espiritual.

Eles podem, positivamente, então, ser resumidos assim:

1. Tenha foco na vida.
2. Relacione-se com integridade.
3. Seja corajoso.
4. Celebre.
5. Ouça os mais velhos.
6. Ame a vida.
7. Cuide dos seus desejos.
8. Vigie o seu caráter.

248 OS DEZ MANDAMENTOS

9. Valorize as pessoas.
10. Seja simples.

O roteiro está diante de você.

# Referências bibliográficas

BARNETT, David Louis. *The heart of the Commandments: delving the depths of the divine decalogue.* [S.l., s.ed.], 2012.

BECKETT, John. *Adoro segunda-feira.* São Paulo: ABU, 2000.

BROWN, Brené. *A coragem de ser imperfeito.* Trad. Joel Macedo. Rio de Janeiro: Sextante, 2013, edição eletrônica.

CHITTISTER, Joan. *The Ten Commandments: laws of the heart.* Maryknoll, NY: Orbis, 2006.

COELHO FILHO, Isaltino Gomes. *A atualidade dos Dez Mandamentos.* São Paulo: Exodus, 1997.

COSTA, Antônio Carlos. *Convulsão protestante.* São Paulo: Mundo Cristão, 2015.

COVEY, Stephen M. R., LINK, Greg e MERRIL, Rebecca R. *A confiança inteligente.* Trad. Carlos Szlak. Rio de Janeiro: Leya, 2013.

DOUGLAS, William. *O poder dos 10 Mandamentos: o roteiro bíblico para uma vida melhor.* São Paulo: Mundo Cristão, 2013, edição eletrônica.

FELDER, Leonard. *Os dez desafios.* São Paulo: Cultrix, 2003.

FOSTER, Richard. *Dinheiro, sexo e poder.* São Paulo: Mundo Cristão, 2005.

FOSTER, Richard e WILLARD, Dallas. *25 livros que todo cristão deveria ler.* Trad. William Lane. Viçosa: Ultimato, 2013.

FROMM, Erich. *Ter ou ser.* Rio de Janeiro, Zahar, 1977.

GIKOVATE, Flavio. *Mudar.* São Paulo: MG, 2014.

## 250 OS DEZ MANDAMENTOS

GOLEMAN, Daniel. *Foco.* Trad. Cassia Zanon. Rio de Janeiro: Objetiva, 2013, edição eletrônica.

GUINESS, Os. *Sete pecados capitais.* São Paulo: Vida Nova, 2006.

KELLER, Timothy e ALSDORF, Katherine Leary. *Como integrar fé e trabalho.* São Paulo: Vida Nova, 2014.

MACDONALD, James. *Senhor, transforma minha atitude.* São Paulo: Vida Nova, 2015.

MAY, Gerald. *Simplesmente são: a espiritualidade da saúde mental.* Rio de Janeiro: Paulus, 1998.

MAY, Rollo. *A coragem de criar.* Trad. Aulyde Soares Rodrigues. Rio de Janeiro: Nova Fronteira, 1982.

MEHL, Ron. *A ternura dos Dez Mandamentos.* São Paulo: Quadrangular, 2000.

PECK, M. Scott. *O povo da mentira.* Trad. Maria Regina. Rio de Janeiro: Imago, 1992.

PETERSON, Eugene. *A linguagem de Deus.* São Paulo: Mundo Cristão, 2011.

REISFIELD, Gary M. e WILSON, George R. "Use of Metaphor in the Discourse on Cancer". *Journal of Clinical Oncology*, vol. 22, nº 19 (October 1), 2004.

RIES, Al e TROUT, Mark. *Marketing de guerra.* São Paulo: McGraw-Hill, 1986.

RYLE, J. C. *Contentamento.* [S.l.]: Projeto Ryle, [s.d.].

SCHLESSINGER, Laura C. *Los Diez Mandamientos.* Trad. Ana del Corral. New York: HarperCollins, 2006, edição eletrônica.

SHETH, Jagdish N. *Os maus hábitos das boas empresas.* São Paulo: Bookman, 2008.

SHILLER, Robert J. *Irrational exuberance.* New Jersey: Princeton University Press, 2000.

SONTAG, Susan. *A doença como metáfora: aids e suas metáforas.* São Paulo: Companhia das Letras, 2007.

REFERÊNCIAS BIBLIOGRÁFICAS 251

STEVENS, R. Paul. *Os outros seis dias*. Trad. Ney Siqueira. Viçosa: Ultimato, 2005.

TELUSHKIN, Joseph. *Words that hurt, words that heal: How to choose Words Wisely and Well*. New York: HarperCollins, 2010.

VOLF, Miroslav. *O fim da memória*. Trad. Almiro Pisetta. São Paulo: Mundo Cristão, 2009.

TOZER, A. W. *The Knowledge of the Holy*. New York: Harper-Collins, 1978.

WAGNER, Peter. *Oração de guerra*. São Paulo: Bom Pastor, 1996.

WARREN, Cortney S. *Lies we tell ourselves: the psychology of self-deception*. Sevierville, TN: Insight, 2014.

WARREN, Rick. *Uma vida com propósitos*. São Paulo: Vida, 2003.

# Notas das epígrafes

## Introdução

GOLEMAN, Daniel. Entrevista à revista *Exame*, em 30.12.2013. Disponível em: <http://exame2.com.br/mobile/revista-exame/noticias/nao-temos-tempo-para-refletir>.

## Capítulo 1

FOSDICK, Harry Emerson. *Living under tension sermons on christianity today.* New York: Harpers, 1941, posição 3402.

## Capítulo 2

FRANGIPANE, Francis. *Holiness, truth and the presence of God.* Lake Mary, FL: Charisma Media, 2011, p. 80.

## Capítulo 3

DOUGLAS, William. *O poder dos 10 Mandamentos.* São Paulo: Mundo Cristão, 2013, posição 1414.

## Capítulo 4

TOLSTOY, Leo. *Essays, letters, miscellanies.* Rockville, MD: WildeSide Press, 2010, passim.

## Capítulo 5

SHIMON, Yaacov ben. Frase recolhida em <www.citador.pt>.

254 OS DEZ MANDAMENTOS

## Capítulo 6

FELDER, Leonard. *Os dez desafios.* São Paulo: Cultrix, 2003, p. 116.

## Capítulo 7

SCHLESSINGER, Laura C. *Los Diez Mandamientos.* Trad. Ana del Corral. New York: HarperCollins, 2006, p. 1156.

## Capítulo 8

CHITTISTER, Joan. *The Ten Commandments: Laws of the heart.* Maryknoll, NY: Orbis, 2006, posição 1513.

## Capítulo 9

BARBOSA, Rui. *Obras completas.* Rio de Janeiro: Casa de Rui Barbosa, vol. XLVI, tomo I, p. 32.

## Capítulo 10

SOLJENITSYN, Alexander. Citado por GUINESS, Os. *Sete pecados capitais.* São Paulo: Vida Nova, 2006, p. 75.

Sua opinião é importante para nós. Por gentileza envie seus comentários pelo *e-mail* editorial@hagnos.com.br

Visite nosso *site*: www.hagnos.com.br

Esta obra foi composta na fonte Elegible 10,5/15,45 e impressa na Imprensa da Fé.
São Paulo, Brasil.
Outono de 2016.